एक सैनिक, एक लेखक और एक व्यवसायी, जॉर्ज सैमुअल क्लासन 82 वर्ष तक जीवित रहे, उन्होंने स्पैनिश–अमेरिकन युद्ध (1898) के दौरान संयुक्त राज्य की सेना में सेवा की। उन्होंने दो कंपनियाँ भी शुरू कीं : डेनवर कोलोराडो की क्लासन मैप कंपनी और क्लासन पब्लिशिंग कंपनी। उन्होंने धन प्रबंधन और वित्तीय सफलता प्राप्त करने पर सलाह देने वाले सूचनात्मक पैम्फलेट की एक शृंखला लिखी। उनके सबसे प्रसिद्ध सबक *द रिचेस्ट मैन इन बेबीलोन* (बेबीलोन का सबसे अमीर आदमी) में संकलित किए गए थे। उन्होंने अपने दृष्टांतों के लिए वैश्विक पहचान बनाई। सन् 1957 में उनकी मृत्यु हो गई।

बेबीलोन का सबसे अमीर आदमी

जार्ज एस. क्लासन

Om Books International

प्रथम संस्करण, 2025

Om Books International

ओम बुक्स इंटरनेशनल
कॉर्पोरेट एवं संपादकीय कार्यालय
ए-12, सेक्टर 64, नोएडा 201 301
उत्तर प्रदेश, भारत
फ़ोन : +91 120 477 4100
ईमेल : editorial@ombooks.com
वेबसाइट : www.ombooksinternational.com

विक्रय (सेल्स) कार्यालय
107, अंसारी रोड, दरियागंज
नई दिल्ली 110 002, भारत
फ़ोन : +91 11 4000 9000
ईमेल : sales@ombooks.com
वेबसाइट : www.ombooks.com

आईएसबीएन : 978-93-6395-310-9

भारत में मुद्रित
10 9 8 7 6 5 4 3 2 1

अनुक्रम

देखो, धन उन लोगों के लिए
प्रचुर मात्रा में है जो इसे प्राप्त करने के
सरल नियमों को समझते हैं

1. अपने बटुए को मोटा करना शुरू करें
2. अपने खर्चों पर नियंत्रण रखें
3. अपने स्वर्ण को बढ़ाएँ
4. अपने खज़ाने को नुकसान से बचाएँ
5. अपने घर को लाभदायक निवेश बनाएँ
6. भविष्य की आय सुनिश्चित करें
7. कमाने की अपनी क्षमता बढ़ाएँ

– बेबीलोन का सबसे अमीर आदमी

प्रस्तावना

एक राष्ट्र के रूप में हमारी समृद्धि हममें से प्रत्येक व्यक्ति की व्यक्तिगत वित्तीय समृद्धि पर निर्भर करती है।

यह पुस्तक हममें से प्रत्येक की व्यक्तिगत सफलताओं से संबंधित है। सफलता का अर्थ है हमारे अपने प्रयासों और क्षमताओं के परिणामस्वरूप उपलब्धियाँ। उचित तैयारी हमारी सफलता की कुंजी है। हमारे कार्य हमारे विचारों से अधिक बुद्धिमान नहीं हो सकते। हमारी सोच हमारी समझ से अधिक बुद्धिमान नहीं हो सकती।

यह पुस्तक कम पैसे (पतले बटुए) को सुधारने के लिए एक उपदेशिका है। इसका मुख्य उद्देश्य उन लोगों की मदद करना है जो पैसे कमाने और बचाने की कोशिश कर रहे हैं, ताकि वे पैसे को सही तरीके से इस्तेमाल कर सकें और अपने पैसे से और ज्यादा पैसे कमा सकें।

आगे के पृष्ठों में, हम बेबीलोन वापस चले जाते हैं, बेबीलोन वह पालना है जिसमें वित्त के मूल सिद्धांतों का पालन–पोषण किया गया था जिसे अब दुनियाभर में मान्यता प्राप्त है और उसका उपयोग किया जाता है।

नए पाठकों के लिए लेखक यह शुभकामना व्यक्त करते हैं कि इसके पृष्ठों में उन्हें भी वही प्रेरणा मिलेगी, जो देश भर के पाठकों द्वारा उत्साहपूर्वक बताई गई है – बैंक खातों में वृद्धि, बड़ी वित्तीय सफलताएँ, और कठिन व्यक्तिगत वित्तीय समस्याओं के समाधान।

उन व्यापारिक अधिकारियों के लिए, जिन्होंने इन कहानियों को अपने दोस्तों, रिश्तेदारों, कर्मचारियों और सहकर्मियों के बीच इतनी उदारता से बाँटा है, लेखक इस मौके पर आभार व्यक्त करते हैं। इससे बड़ा समर्थन और क्या हो सकता है कि व्यावहारिक सोच वाले लोग, जिन्होंने इस किताब की बातों को समझा और अपनाया है, खुद भी इन्हीं सिद्धांतों को मानकर अपनी सफलता तक पहुँचे हैं।

बेबीलोन प्राचीन दुनिया का सबसे अमीर शहर बना क्योंकि वहाँ के लोग अपने समय के सबसे अमीर लोग थे। वे पैसे की अहमियत को समझते थे। उन्होंने पैसे कमाने, उसे बचाने, और उसे और बढ़ाने के अच्छे तरीके अपनाए। उन्होंने अपने लिए भविष्य के लिए ऐसी आमदनी का इंतजाम किया, जैसा हम सब चाहते हैं।

जी.एस.सी.

बेबीलोन का सबसे अमीर आदमी

बेबीलोन का ऐतिहासिक रेखाचित्र

इतिहास के पन्नों में बेबीलोन जैसा चमकदार शहर शायद ही कोई और हो। इसका नाम सुनते ही धन–दौलत और भव्यता की तस्वीरें मन में उभरती हैं। वहाँ का सोना और रत्नों का खजाना बहुत ही अद्भुत था।

ऐसे अमीर शहर की कल्पना हम अक्सर हरी–भरी प्राकृतिक सुंदरता, घने जंगलों और खदानों के बीच करते हैं। लेकिन बेबीलोन ऐसा नहीं था। यह फ़रात नदी के किनारे, एक सपाट और सूखी घाटी में बसा था। वहाँ न तो जंगल थे, न खदानें–यहाँ तक कि इमारतें बनाने के लिए पत्थर भी नहीं थे। यह किसी प्राकृतिक व्यापारिक–मार्ग पर भी नहीं था, और वहाँ इतनी बारिश भी नहीं होती थी कि अच्छी फसल उग सके।

बेबीलोन मनुष्य की महान उपलब्धियों का एक बेहतरीन उदाहरण है, जहाँ उसने अपने पास उपलब्ध साधनों का उपयोग करके ऊँचे लक्ष्य हासिल किए। इस बड़े शहर का हर संसाधन इंसान द्वारा बनाया गया था। इसकी सारी संपत्ति इंसान की मेहनत से बनी थी।

बेबीलोन के पास केवल दो प्राकृतिक संसाधन थे–उपजाऊ मिट्टी और नदी का जल। बेबीलोन के इंजीनियरों ने अपनी अद्‌भुत इंजीनियरिंग के साथ नदी के जल को मोड़ने के लिए बाँधों और बड़ी नहरों का निर्माण किया। ये नहरें सूखी घाटी के बहुत दूर तक फैलीं,

और इन्होंने उपजाऊ मिट्टी पर जल का प्रसार कर फसलें उगाई। यह इंजीनियरिंग का एक बहुत बड़ा कारनामा था, जो इतिहास में पहली बार हुआ। इस सिंचाई प्रणाली के कारण इतनी अधिक फसलें उगीं, जो दुनिया ने पहले कभी नहीं देखी थीं।

सौभाग्य वश, अपने लंबे समय तक अस्तित्व में रहते हुए, बेबीलोन पर लगातार कई शाही परिवारों का राज रहा, जिनके लिए विजय और लूट केवल एक आकस्मिक घटना थी। हालांकि बेबीलोन ने कई युद्धों में भाग लिया, इनमें से अधिकतर स्थानीय या रक्षा युद्ध थे, जो अन्य देशों के महत्वाकांक्षी आक्रमणकारियों से थे, जो बेबीलोन के अद्‌भुत खजाने को चाहते थे। बेबीलोन के महान शासक अपनी बुद्धिमत्ता, साहस और न्याय के कारण इतिहास में जीवित हैं। बेबीलोन में कोई भी ऐसा शासक नहीं था जो पूरी दुनिया को जीतने के लिए संघर्ष करता, ताकि सारी दुनिया उसकी अहमियत को माने।

बेबीलोन अब एक शहर के रूप में अस्तित्व में नहीं है। जब उन ऊर्जा से भरी मानव शक्तियों को हटा लिया गया, जिन्होंने हजारों सालों तक इस शहर को बनाया और बनाए रखा, तो यह जल्द ही एक वीरान खंडहर में बदल गया। शहर का स्थान एशिया में है, जो स्वेज नहर से लगभग छह सौ मील पूर्व में स्थित है, फारस की खाड़ी के ठीक उत्तर में। यह शहर भूमध्य रेखा से लगभग 30 डिग्री उत्तर में स्थित है, जो युमा, एरिजोना के समान है। इसका मौसम युमा के मौसम जैसा ही था–गर्म और सूखा।

आज, फ़रात नदी की यह घाटी, जो कभी एक घनी आबादी वाला सिंचित कृषि क्षेत्र था, अब फिर से एक सूखा और वीरान स्थान बन चुकी है। यहाँ केवल थोड़ी सी घास और रेगिस्तानी झाड़ियाँ हैं, जो हवा के साथ उड़ते रेत के विरूद्ध अपने अस्तित्व की कोशिश कर रही हैं। पहले जो उपजाऊ खेत, विशाल शहर और समृद्ध व्यापार के लंबे कारवां थे, वे अब लुप्त हो चुके हैं। अब यहाँ केवल खानाबदोश अरब जनजातियाँ हैं, जो छोटे–छोटे समूहों को पालकर मुश्किल से

अपना जीवन यापन कर रही हैं। यह स्थिति लगभग ईसाई युग की शुरुआत से ही वैसी ही है।

इस घाटी में मिट्टी की पहाड़ियाँ बिखरी हुई हैं। सदियों से यात्रियों ने इन्हें कुछ और नहीं माना। लेकिन फिर पुरातत्वविदों का ध्यान इन पर तब गया जब बारिश के समय टूटे हुए मिट्टी के बर्तन और ईंटें इन पहाड़ियों से बहकर आ गईं। यूरोपीय और अमेरिकी संग्रहालयों द्वारा वित्तपोषित अभियान यहाँ खुदाई करने और यह देखने के लिए भेजे गए कि क्या मिल सकता है। हलकों और फावड़े ने शीघ्र ही साबित कर दिया कि ये पहाड़ियाँ प्राचीन शहर हैं। इन्हें शहर की कब्रें कहा जा सकता है।

बेबीलोन इनमें से एक था। करीब बीस सदियों तक यहाँ रेतीली धूल फैली रही। यह शहर पहले ईंट से बना था, लेकिन सारी बाहरी दीवारें टूट कर मिट्टी में मिल चुकी थीं। आज बेबीलोन, वह अमीर शहर, बस एक मिट्टी का ढेर बन गया है। इसे इतने समय पहले छोड़ दिया गया था कि जब तक इसे फिर से नहीं खोजा गया, तब तक किसी को इसका नाम तक नहीं पता था। यह खोज तब हुई जब कई सालों का कचरा हटाया गया और इसके टूटे हुए मंदिरों और महलों के मलबे को निकाला गया।

कई वैज्ञानिक बेबीलोन और इस घाटी के दूसरे शहरों की सभ्यता को सबसे पुरानी मानते हैं, जिनका निश्चित प्रमाण उपलब्ध है। इनके बारे में 8000 साल पुराने प्रमाण मिले हैं। इस संबंध में एक रोचक बात यह है कि ये तारीखें कैसे तय की गईं। बेबीलोन के खंडहरों में एक सूर्यग्रहण का वर्णन मिला। आधुनिक खगोल वैज्ञानिकों ने आसानी से इस सूर्यग्रहण का समय निकाल लिया, जो बेबीलोन में देखा गया था, और इससे उनके कैलेंडर और हमारे कैलेंडर के बीच एक संबंध स्थापित किया।

इस तरह, हमने प्रमाणित कर दिया है कि 8000 साल पहले, बेबीलोनिया में रहने वाले सुमेरियन लोग दीवारों वाले शहरों में रह रहे थे। कोई केवल अनुमान लगा सकता है कि कितनी शताब्दियों पहले

ऐसे शहर अस्तित्व में थे। उनके निवासी केवल दीवारों के भीतर रहने वाले बर्बर लोग नहीं थे। वे शिक्षित और प्रबुद्ध लोग थे। जहाँ तक लिखित इतिहास की बात है, वे पहले इंजीनियर, पहले खगोलशास्त्री, पहले गणितज्ञ, पहले वित्तपोषक और पहले लोग थे जिनके पास लिखित भाषा थी।

पहले ही उस सिंचाई प्रणाली का उल्लेख किया जा चुका है, जिसने इस सूखी घाटी को कृषि द्वारा स्वर्ग में बदल दिया था। इन नहरों के अवशेष आज भी देखे जा सकते हैं, हालांकि वे अधिकतर रेत से भर गई हैं। कुछ नहरें इतनी बड़ी थीं कि जब इनमें पानी नहीं होता था, तो एक दर्जन घोड़े एक साथ उनकी तलहटी पर दौड़ सकते थे। आकार में ये नहरें कोलोराडो और युटाह की सबसे बड़ी नहरों के समान थीं।

घाटी की भूमि की सिंचाई के अलावा, बेबीलोन के इंजीनियरों ने इसी तरह के परिमाण की एक और परियोजना पूरी की। एक विस्तृत जल निकासी प्रणाली के माध्यम से उन्होंने फ़रात और टिगरिस नदियों के मुहाने पर दलदली भूमि के एक विशाल क्षेत्र को पुनः प्राप्त किया और इसे भी खेती के अधीन कर दिया।

यूनानी यात्री और इतिहासकार हेरोडोटस ने बेबीलोन का दौरा किया था जब यह अपने चरम पर था और उसने हमें एक बाहरी व्यक्ति द्वारा दिया गया एकमात्र ज्ञात विवरण दिया है। उनके लेखन में शहर और उसके लोगों के कुछ असामान्य रीति–रिवाजों का एक ग्राफिक विवरण दिया गया है। वह मिट्टी की असाधारण उर्वरता और गेहूं तथा जौ की भरपूर फसल का उल्लेख करता है।

बेबीलोन की महानता अब फीकी पड़ चुकी है, लेकिन उसकी बुद्धिमत्ता आज भी हमारे पास है। इसके लिए हम उनके लिखने के तरीके के आभारी हैं। उस समय कागज का उपयोग नहीं होता था। इसके बजाय, उन्होंने अपनी लिखाई गीली मिट्टी की पट्टियों पर उकेरी। जब यह पूरी हो गई, तो इन पट्टियों को आग में पका लिया गया, जिससे ये कठोर हो गईं। इनका आकार लगभग छह से आठ इंच और मोटाई एक इंच थी।

इन मिट्टी की पट्टियों का इस्तेमाल आजकल की लिखाई की तरह किया जाता था। इन पर कहानियाँ, कविताएँ, इतिहास, शाही आदेश, देश के कानून, संपत्ति के कागजात, उधारी के नोट और यहाँ तक कि पत्र भी लिखे जाते थे, जिन्हें संदेशवाहकों द्वारा दूर–दराज के शहरों में भेजा जाता था। इन पट्टियों से हमें लोगों के निजी जीवन के बारे में जानकारी मिलती है। उदाहरण के लिए, एक पट्टी, जो शायद एक दुकानदार के रिकॉर्ड से है, में लिखा था कि एक दिन एक ग्राहक गाय लेकर आया और उसे सात बोरी गेहूं के बदले में गाय दे दी, जिसमें से तीन बोरी तुरंत दे दी गईं और बाकी चार बोरी ग्राहक की इच्छा के अनुसार बाद में दी जानी थीं।

बर्बाद हुए शहरों में सुरक्षित रूप से दफन पुरातत्वविदों ने इन पट्टिकाओं के पूरे पुस्तकालयों को ढूँढ निकाला है, जिनकी संख्या सैकड़ों हज़ारों में है।

बेबीलोन के सबसे शानदार आश्चर्यों में से एक शहर के चारों ओर की विशाल दीवारें थीं। प्राचीन लोगों ने उन्हें मिस्र के महान पिरामिड के साथ "दुनिया के सात आश्चर्यों" में से एक माना। रानी सेमिरामिस को शहर के प्रारंभिक इतिहास के दौरान पहली दीवारें खड़ी करने का श्रेय दिया जाता है। आधुनिक उत्खननकर्ता मूल दीवारों का कोई निशान नहीं खोज पाए हैं। न ही उनकी सही ऊँचाई ज्ञात है। शुरुआती लेखकों द्वारा किए गए उल्लेखों से, यह अनुमान लगाया जाता है कि वे लगभग पचास से साठ फीट ऊँची थीं, बाहरी तरफ से जली हुई ईंटों से बनी थीं और पानी की एक गहरी खाई द्वारा संरक्षित थीं।

बाद की, और अधिक प्रसिद्ध दीवारों की शुरुआत ईसा के जन्म से लगभग छह सौ साल पहले राजा नबोपोलासर ने की थी। उन्होंने दीवारों को पुनर्निर्मित करने की योजना इतनी विशाल बनाई थी कि वे इसका काम पूरा होते हुए नहीं देख पाए। यह काम उनके बेटे, नबूकदनज़र ने पूरा किया, जिनका नाम बाइबिल के इतिहास में जाना जाता है।

इन दीवारों की ऊँचाई और लंबाई देख कर विश्वास करना मुश्किल होता है। भरोसेमंद जानकारी के मुताबिक, इनकी ऊँचाई लगभग एक सौ साठ फीट थी, जो एक पंद्रह मंजिला भवन के बराबर है। इनकी कुल लंबाई नौ से ग्यारह मील तक बताई जाती है। दीवारों के ऊपर इतनी जगह थी कि एक छह घोड़ों वाला रथ भी दौड़ सकता था। अब इस बड़ी संरचना का बहुत कम हिस्सा बचा है, सिर्फ नींव और खाई के कुछ हिस्से ही शेष हैं। प्राकृतिक घटनाओं के अलावा, अरबी लोगों ने इन दीवारों को तोड़कर ईंटें निकाल लीं और दूसरी जगहों पर इस्तेमाल कीं।

बेबीलोन की दीवारों के खिलाफ उस समय के लगभग सभी विजयी सम्राटों की सेनाएँ बारी–बारी से कदमताल करती थीं। कई राजाओं ने बेबीलोन पर आक्रमण किया, लेकिन हमेशा असफल रहे। उस समय की आक्रमणकारी सेनाएँ मामूली नहीं थीं। इतिहासकार बताते हैं कि ऐसी सेनाओं में 10,000 घुड़सवार, 25,000 रथ, 1200 पैदल सैनिकों के सैन्यदल होते थे, जिनमें हर सैन्यदल में 1000 सैनिक होते थे। अक्सर युद्ध सामग्री और खाद्य सामग्री के भंडारों को इकट्ठा करने में दो या तीन साल का समय लगता था, जो आक्रमण की योजना के अनुसार सैनिकों के आगे बढ़ने के साथ तैयार किए जाते थे।

बेबीलोन शहर का संगठन आधुनिक शहरों की तरह था। वहाँ सड़कें और दुकानें थीं। व्यापारी अपने सामान को आवासीय इलाकों में बेचते थे। पुजारी शानदार मंदिरों में पूजा करते थे। शहर के भीतर राजमहलों के लिए एक आंतरिक घेरा था। कहा जाता था कि इस घेरे की दीवारें शहर की दीवारों से भी ऊँची थीं।

बेबीलोन के लोग कला में निपुण थे। इनमें मूर्तिकला, चित्रकारी, बुनाई, सोने का काम और धातु के हथियार और कृषि उपकरण बनाना शामिल था। उनके जौहरियों ने सबसे कलात्मक आभूषण बनाए। इसके धनी नागरिकों की कब्रों से कई नमूने बरामद किए गए हैं और अब दुनिया के प्रमुख संग्रहालयों में प्रदर्शनी के लिए रखे गए हैं।

बहुत पुराने समय में, जब बाकी दुनिया के लोग पत्थर की कुल्हाड़ियों से पेड़ों को काटते थे, या पत्थर के नुकीले भाले और तीरों से शिकार करते थे, तब बेबीलोनियाई लोग धातु की नुकीली कुल्हाड़ियों, भाले और तीरों का इस्तेमाल करते थे।

बेबीलोन के लोग चतुर वित्तपोषक और व्यापारी थे। जहाँ तक हम जानते हैं, वे विनिमय के साधन के रूप में मुद्रा, वचन पत्र और संपत्ति के लिखित शीर्षकों के मूल आविष्कारक थे।

ईसा के जन्म से लगभग 540 साल पहले तक बेबीलोन में शत्रु सेनाओं ने कभी प्रवेश नहीं किया था। तब भी दीवारों पर कब्ज़ा नहीं किया गया था। बेबीलोन के पतन की कहानी सबसे असामान्य है। उस समय के महान विजेताओं में से एक साइरस ने शहर पर आक्रमण करने का विचार किया और इसकी अभेद्य दीवारों पर कब्ज़ा करना चाहा। बेबीलोन के राजा नेबोनिडस के सलाहकारों ने उसे साइरस से मिलने और शहर की घेराबंदी किए बिना उससे युद्ध करने के लिए सहमत किया। बेबीलोन की सेना को मिली हार के बाद, यह शहर से भाग गया। इसके बाद, साइरस ने खुले द्वारों में प्रवेश किया और बिना किसी प्रतिरोध के कब्ज़ा कर लिया।

इसके बाद, शहर की शक्ति और प्रतिष्ठा धीरे–धीरे घटने लगी, और कुछ सौ वर्षों के भीतर, यह अंततः वीरान और सुनसान हो गया, और इसे हवाओं और तूफानों ने फिर से उस रेगिस्तान में बदल दिया, जिस पर कभी इसकी भव्यता खड़ी थी। बेबीलोन गिर चुका था, वह फिर कभी नहीं उठेगा, लेकिन सभ्यता का बहुत कुछ इसके लिए ऋणी है।

समय के अनगिनत वर्षों ने इसके मंदिरों की गर्वित दीवारों को धूल में परिवर्तित कर दिया है, लेकिन बेबीलोन की ज्ञान धरोहर आज भी जीवित है।

वह आदमी जो स्वर्ण चाहता था

बेबीलोन का रथ निर्माता बंसीर बहुत ही हतोत्साहित था। वह अपनी संपत्ति के चारों ओर बनी छोटी सी दीवार पर बैठकर, दुःखी मन से अपने साधारण घर और खुली कार्यशाला को देख रहा था, जिसमें एक अधूरा रथ खड़ा था।

उसकी पत्नी बार–बार खुले दरवाजे पर दिखाई देती। उसकी चुपचाप नजरें बंसीर की ओर देख रही थीं, जिससे उसे यह याद दिलाया जाता कि भोजन का थैला लगभग खाली हो चुका था और उसे रथ को पूरा करने के लिए काम पर लगना चाहिए था, पीटते हुए और तराशते हुए, पॉलिश और पेंट करते हुए, पहिए के रिम्स पर चमड़े को कसते हुए, ताकि वह उसे ग्राहक को सौंप सके और अपनी अच्छी रकम प्राप्त कर सके।

फिर भी, उसका भारी और मांसलदार शरीर दीवार पर चुपचाप बैठा था। उसका धीमा दिमाग धैर्यपूर्वक एक ऐसी समस्या पर विचार कर रहा था, जिसका कोई भी समाधान उसे नहीं मिल पा रहा था। उस दिन की अत्यधिक कड़ी और उष्णकटिबंधीय धूप, जो फ़रात घाटी की पहचान थी, उस पर बहुत बेरहमी से पड़ रही थी। उसके माथे पर पसीने की अत्यधिक बूँदें टपक रही थीं, जो बिना किसी का ध्यान आकर्षित किए, उसके सीने के बालों में धीरे–धीरे लुप्त हो रही थीं।

उसके घर के बाहर राजा के महल के चारों ओर ऊँची सीढ़ीनुमा दीवार थी। पास में, नीले आसमान को चीरती हुई, बेल के मंदिर की चित्रित मीनार थी। ऐसी भव्यता की छाया में उसका साधारण घर था और कई अन्य घर जो बहुत कम साफ–सुथरे और अच्छी तरह से देखभाल किए गए थे। बेबीलोन ऐसा ही था – यहाँ भव्यता और गंदगी, चमचमाती संपत्ति और गहन गरीबी का मेल था, जो बिना किसी योजना या व्यवस्था के शहर की दीवारों के भीतर एक साथ रह रहे थे।

उसके पीछे, अगर वह मुड़कर देखता, तो अमीरों के शोर करते हुए रथों ने चप्पल पहने व्यापारियों और नंगे पाँव भिखारियों को भी धक्का देकर किनारे कर दिया था। यहाँ तक कि अमीरों को भी रास्ता साफ करने के लिए नालियों में मुड़ने के लिए मजबूर होना पड़ा था, ताकि लंबे क़तारों में चलते हुए गुलाम पानी लाने वालों के लिए रास्ता बन सके, जो "राजा के काम" पर थे, और प्रत्येक के कंधे पर भारी बकरी की खाल में पानी था, जिसे झूलते बगीचों में डाला जाना था।

बंसीर अपनी समस्या में इतना मशगूल था कि वह व्यस्त शहर के भ्रमित शोर को नहीं सुन पाया। यह एक परिचित वीणा से तारों की अप्रत्याशित झनकार थी जिसने उसे उसकी कल्पना से जगाया। उसने मुड़कर अपने सबसे अच्छे दोस्त – संगीतकार कोब्बी के संवेदनशील, मुस्कुराते चेहरे को देखा।

"हे मेरे अच्छे दोस्त, भगवान तुम्हें बहुत आशीर्वाद प्रदान करें," कोब्बी ने बड़े आदर के साथ कहा। "लेकिन ऐसा लगता है कि भगवान पहले ही बहुत दयालु रहे हैं, तुम्हें मेहनत करने की आवश्यकता नहीं है। मैं तुम्हारी किस्मत पर खुश हूँ। और मैं इसे तुम्हारे साथ बाँटना भी चाहता हूँ। कृपया, अपनी थैली से जो शायद पूरी भरी हुई होगी (वरना तुम अपनी दुकान में व्यस्त होते), दो छोटे शेकेल (सिक्के) निकालो और मुझे उधार दे दो, जब तक रात में बड़े लोगों का भोज न हो जाए। तुम्हें इनकी कमी तब तक नहीं महसूस होगी जब तक ये वापस नहीं मिल जाते।"

"यदि मेरे पास दो शेकेल होते," बंसीर ने उदास होकर उत्तर दिया, "तो मैं उन्हें किसी को भी उधार नहीं दे सकता था – तुम्हें भी नहीं, मेरे सबसे अच्छे मित्रों को भी नहीं; क्योंकि वे मेरा भाग्य होंगे – मेरा पूरा भाग्य। कोई भी अपना पूरा भाग्य उधार नहीं देता, अपने सबसे अच्छे मित्र को भी नहीं।"

''क्या,'' कोब्बी ने सचमुच हैरान होकर कहा, ''तुम्हारे पास एक भी शेकेल (सिक्का) नहीं है, फिर भी दीवार पर मूर्तिरूप बैठे हो! क्यों न उस रथ को पूरा करो? और तुम अपनी शानदार भूख को कैसे पूरा करोगे? यह तुम्हारे जैसी नहीं है, मेरे दोस्त। तुम्हारी वो अनंत ऊर्जा कहाँ गई? क्या कुछ परेशानी है? क्या भगवान तुम्हारे पास दुःख लाए हैं?''

''यह भगवान का कोई कष्ट ही होगा,'' बंसीर ने सहमति जताई। ''यह सब एक सपने से शुरू हुआ, एक बेकार सा सपना, जिसमें मुझे ऐसा लगा कि मैं एक अमीर आदमी हूँ। मेरी कमर से एक खूबसूरत थैली लटक रही थी, जो सिक्कों से भारी थी। उसमें शेकेल थे, जिन्हें मैं बिना सोचे भिखारियों को दे देता था; चाँदी के सिक्के थे, जिनसे मैंने अपनी पत्नी के लिए अच्छे कपड़े खरीदे और जो भी मैं खुद चाहता था, वह खरीदा; सोने के सिक्के थे, जो मुझे भविष्य को लेकर सुरक्षित महसूस कराते थे और मुझे चाँदी खर्च करने से डर नहीं लगता था। मुझे एक अद्भुत संतोष का अहसास था! तुम मुझे अपने पुराने मेहनती दोस्त की तरह नहीं पहचान पाते। और तुम मेरी पत्नी को भी नहीं पहचान पाते, क्योंकि उसका चेहरा झुर्रियों से मुक्त था और वह खुशी से चमक रही थी। वह फिर से हमारे शुरुआती शादीशुदा दिनों की मुस्कुराती हुई युवती बन गई थी।''

"वास्तव में एक सुखद सपना," कोब्बी ने टिप्पणी की, "लेकिन इस तरह की सुखद भावनाओं ने तुम्हें दीवार पर एक उदास मूर्ति में क्यों बदल दिया?"

''सच में! क्योंकि जब मैं जागा और याद किया कि मेरी थैली कितनी खाली थी, तो मुझे गुस्सा आ गया। चलो, हम इसे साथ में

समझते हैं, क्योंकि जैसे नाविक कहते हैं, हम दोनों एक ही नाव में बैठे हैं। जब हम छोटे थे, हम साथ में पंडितों के पास ज्ञान सीखने जाते थे। जब हम जवान थे, तो हम एक–दूसरे के साथ मस्ती करते थे। और जब हम बड़े हुए, तब भी हम हमेशा अच्छे दोस्त रहे। हम हमेशा अपने हालात से संतुष्ट रहे हैं। हम लंबे समय तक काम करने और अपनी कमाई को बिना सोचे खर्च करने में खुश रहे। हमने सालों में बहुत पैसा कमाया है, लेकिन जो खुशियाँ धन से मिलती हैं, उन्हें पाने के लिए हमें बस सपने ही देखने पड़ते हैं। हाय! क्या हम महज बेवकूफ भेड़ हैं? हम दुनिया के सबसे अमीर शहर में रहते हैं। यात्री कहते हैं कि इसकी जैसी दौलत कहीं नहीं। हमारे आसपास बहुत से अमीर लोग हैं, लेकिन हमें खुद कुछ नहीं मिला। आधी जिंदगी की मेहनत के बाद, तुम, मेरे सबसे अच्छे दोस्त, तुम्हारी थैली भी खाली है और मुझसे कहते हो, ''क्या मैं दो शेकेल उधार ले सकता हूँ, रात के भोज के बाद लौटाने के लिए?'' तो, मैं क्या कहूँ? क्या मैं कहता हूँ, 'यह रही मेरी थैली; इसके अंदर जो भी है, मैं खुशी से तुम्हारे साथ बाँटूंगा?' नहीं, मुझे यह मानना पड़ता है कि मेरी थैली भी तुम्हारी तरह ही खाली है। आखिर क्या बात है? हम चाँदी और सोना क्यों नहीं कमा सकते–खाने और कपड़े के अलावा भी बहुत कुछ?

"हमारे बेटों के बारे में भी सोचो," बंसीर ने आगे कहा, "क्या वे अपने पिताओं के मार्ग पर नहीं चल रहे हैं? क्या उन्हें और उनके परिवारों को, और उनके बेटों और उनके बेटों के परिवारों को, अपनी पूरी जिंदगी सोने के खजाने वालों के बीच जीनी होगी, फिर भी, हमारे जैसे, बकरियों के खट्टे दूध और चटनी खाकर संतुष्ट रहना होगा?"

''इतने सालों की दोस्ती में तुमने कभी ऐसी बातें नहीं कीं, बंसीर,'' कोब्बी ने हैरानी से कहा।

"इतने सालों में मैंने पहले कभी इस तरह सोचा ही नहीं था। दिन से रात तक मैंने सबसे बढ़िया रथ बनाने की कोशिश की है, जिसे कोई भी इंसान बना सकता है, इस उम्मीद में कि एक दिन देवता मेरे अच्छे कामों को पहचानेंगे और मुझे बहुत समृद्धि प्रदान करेंगे।

ऐसा उन्होंने कभी नहीं किया। आख़िरकार, मुझे एहसास हुआ कि वे ऐसा कभी नहीं करेंगे। इसलिए, मेरा दिल दुःखी है। मैं एक संपन्न व्यक्ति बनना चाहता हूँ। मैं ज़मीन और मवेशी रखना चाहता हूँ, मेरे पास बढ़िया कपड़े और मेरे बटुए में सिक्के होने चाहिए। मैं इन चीज़ों के लिए अपनी पूरी ताकत, अपने हाथों में पूरी कुशलता और अपने दिमाग में पूरी चालाकी के साथ काम करने को तैयार हूँ, लेकिन मैं चाहता हूँ कि मेरे कामों का उचित प्रतिफल मिले। हमारे साथ क्या समस्या है? मैं फिर से आपसे पूछता हूँ! हम उन अच्छी चीज़ों में से अपना हिस्सा क्यों नहीं पा सकते जो उन लोगों के लिए बहुत ज़्यादा हैं जिनके पास उन्हें खरीदने के लिए सोना है?"

"काश मेरे पास इसका कोई जवाब होता!" कोब्बी ने जवाब दिया। "मैं भी तुम्हारी तरह संतुष्ट नहीं हूँ। मेरे संगीत से जो कमाई होती है, वो जल्दी ही खत्म हो जाती है। मुझे अक्सर योजनाएँ बनानी पड़ती हैं ताकि मेरे परिवार को भूखा न रहना पड़े। मेरे दिल में भी एक बड़ी वीणा (संगीत यंत्र) पाने की गहरी इच्छा है, जो सच में वो संगीत बजा सके जो मेरे मन में गूँजता है। ऐसे यंत्र के साथ मैं ऐसा संगीत बना सकता हूँ, जैसा राजा ने भी कभी नहीं सुना होगा।"

"तुम्हारे पास ऐसी वीणा (संगीत का यंत्र) होना ही चाहिए। पूरे बेबीलोन में इसे तुमसे ज्यादा कोई मीठा नहीं बजा सकता। इतना मीठा कि राजा और स्वयं भगवान भी खुश हो जाएँ। लेकिन तुम इसे कैसे खरीदोगे, जब हम दोनों राजा के नौकरों जितने गरीब हैं? सुनो, वो घंटी बज रही है! वे आ रहे हैं।" उसने नदी से पानी लाते हुए पसीने में डूबे मजदूरों की लंबी कतार की ओर इशारा किया। वे पाँच–पाँच की पंक्ति में धीरे–धीरे चल रहे थे, हर किसी ने पानी भरा हुआ बकरी की खाल का थैला अपनी पीठ पर लादा था।"

"वो जो सबसे आगे चल रहा है, क्या शानदार आदमी है," कोब्बी ने घंटी पहनने वाले की ओर संकेत करते हुए कहा, जो बिना बोझ के सबसे आगे चल रहा था। "अपने देश में वो जरूर कोई विशेष आदमी होगा, ये स्पष्ट नज़र आता है।"

''पंक्ति में कई मजबूत लोग हैं,'' बंसीर ने सहमति जताई, ''हम जैसे ही अच्छे लोग। उत्तर से लंबे, गोरे लोग, दक्षिण से हँसते हुए काले लोग, और पास के देशों से छोटे–छोटे भूरे लोग। ये सब लोग नदी से बगीचे तक रोज ऐसे ही चलते रहते हैं, दिन पर दिन, सालों तक। इनके पास खुश होने के लिए कुछ भी नहीं है। सोने के लिए बस सूखी घास है और खाने के लिए सख्त दलिया। इन बेचारे लोगों पर तरस आता है, कोब्बी!''

"मुझे उन पर दया आती है। फिर भी, तुम मुझे यह दिखाते हो कि हम कितने बेहतर हैं, भले ही हम खुद को स्वतंत्र लोग कहते हों।"

यह सच है, कोब्बी, भले ही यह अप्रिय विचार हो। हम साल–दर–साल गुलामी की ज़िंदगी नहीं जीना चाहते। काम, काम, काम! कहीं नहीं पहुँचना।"

''क्या हम यह नहीं जान सकते कि दूसरे लोग सोना कैसे प्राप्त करते हैं और वैसा ही करते हैं?'' कोब्बी ने पूछा।

"शायद कोई रहस्य हो जिसे हम जान सकें, यदि हम उन लोगों से पूछें जो जानते हैं," बंसीर ने सोच–समझकर उत्तर दिया।

''आज ही,'' कोब्बी ने कहा, ''मैंने हमारे पुराने दोस्त, अरकद, को उसके सोने के रथ पर जाते हुए देखा। मैं यह जरूर कहूँगा, उसने मेरी साधारण स्थिति को नजरअंदाज नहीं किया, जैसा कि उसके जैसे बड़े लोग अक्सर करते हैं। इसके बजाय, उसने अपना हाथ लहराया ताकि सभी लोग देख सकें कि वह कोब्बी, संगीतकार, को नमस्ते कर रहा है और अपनी दोस्ती की मुस्कान दे रहा है।''

''वह पूरे बेबीलोन में सबसे अमीर आदमी माना जाता है,'' बंसीर ने विचारपूर्वक तरीके से कहा। ''इतना अमीर कि राजा खज़ाने के मामलों में उसकी सोने की मदद माँगता है,'' कोब्बी ने उत्तर दिया।

''इतना अमीर,'' बंसीर ने बीच में टोकते हुए कहा, ''मुझे डर है कि अगर मैं रात के अंधेरे में उससे मिलूँगा, तो मैं उसके मोटे बटुए पर हाथ रख दूँगा।''

"बकवास," कोब्बी ने फटकार लगाई, ''एक आदमी का धन उसके बटुए में नहीं होता। एक मोटा बटुआ जल्दी ही खाली हो जाता है

अगर उसमें फिर से भरने के लिए कोई सोने का प्रवाह न हो। अरकद के पास एक आय है जो उसके बटुए को हमेशा भरा रखती है, चाहे वह कितना भी उदारता से खर्च करे।''

''आय, यही चीज है,'' बंसीर ने कहा। ''मैं ऐसी आय चाहता हूँ, जो हमेशा मेरे बटुए में आती रहे, चाहे मैं दीवार पर बैठा हूँ या दूर–दूर के देशों में यात्रा कर रहा हूँ। अरकद को तो यह जरूर पता होगा कि इंसान अपनी आय कैसे बना सकता है। क्या तुम सोचते हो कि वह इसे मेरे जैसे कम समझ वाले इंसान को समझा पाएगा?''

''मुझे लगता है कि अरकद ने ये बातें अपने बेटे नोमासिर को सिखाई होंगी,'' कोब्बी ने कहा। ''क्या वह निनेवेह शहर नहीं गया था? और जैसा लोग बताते हैं, उसने अपने पिता की मदद के बिना ही उस शहर का सबसे अमीर आदमी बनकर दिखाया।''

''कोब्बी, तुमने मुझे एक बहुत अच्छा विचार दिया है।'' बंसीर की आँखों में एक नई चमक आई। ''अच्छे दोस्त से सलाह बिल्कुल मुफ्त में ली जाती है, और अरकद हमेशा ऐसा ही दोस्त रहा है। भले ही हमारे पास पैसे नहीं हैं, जैसे एक साल पहले बाज के घोंसले में कुछ नहीं था, लेकिन हमें इससे परेशान नहीं होना चाहिए। अब हम पैसे के बिना जीते हुए थक चुके हैं, जबकि हमारे आसपास बहुत सारा सोना पड़ा है। हम भी अमीर बनना चाहते हैं। चलो, हम अरकद के पास चलते हैं और पूछते हैं कि हम भी कैसे पैसे कमा सकते हैं।''

तुम सही कह रहे हो, बंसीर। तुमने मेरी सोच को नयी दिशा प्रदान की है। तुमने मुझे समझाया है कि हम कभी भी धन क्यों नहीं प्राप्त कर सके। हम कभी उसे तलाशने की कोशिश नहीं करते थे। तुमने बाबीलोन में सबसे मजबूत रथ बनाने के लिए मेहनत की। उस उद्देश्य के लिए तुमने अपनी पूरी मेहनत की। और तुम उसमें सफल हुए। मैंने भी वीणा बजाने में कुशल बनने की कोशिश की, और उसमें मैं भी सफल हुआ।

''जिन चीजों में हमने अपनी पूरी मेहनत लगाई, हम उसमें सफल हुए। देवता भी हमें ऐसे ही चलते रहने की अनुमति देते रहे। अब, अंत

में, हमें एक नई रोशनी दिखायी देती है, जो उगते सूरज की तरह चमक रही है। यह हमें यह सीखने को कहती है, ताकि हम और भी अधिक सफल हो सकें। एक नई समझ के साथ, हम अपनी इच्छाओं को पूरा करने के लिए सम्मानजनक तरीके ढूँढ़ेगें।"

"चलो, हम आज ही अरकद के पास चलते हैं," बंसीर ने कहा, "और साथ ही अपने बचपन के दोस्तों को भी बुलाते हैं, जिनकी हालत हमारी जैसी है, ताकि वे भी उसके ज्ञान से लाभ उठा सकें।"

"तुम हमेशा अपने दोस्तों के बारे में ऐसा सोचते हो, बंसीर। इसलिए तुम्हारे पास बहुत दोस्त हैं। जैसा तुम कह रहे हो, वैसा ही होगा। हम आज ही चलते हैं और उन्हें भी साथ ले चलते हैं।"

बेबीलोन का सबसे अमीर आदमी

पुराने बेबीलोन में एक समय एक बहुत अमीर आदमी रहता था जिसका नाम था अरकद। दूर–दूर तक वह अपनी अपार संपत्ति के लिए मशहूर था। साथ ही वह अपनी उदारता के लिए भी मशहूर था। वह अपने दान–पुण्य में उदार था। वह अपने परिवार के साथ उदार था। वह अपने खर्चों में भी उदार था। लेकिन फिर भी हर साल उसकी संपत्ति उसके खर्च करने की तुलना में अधिक तीव्रता से बढ़ती थी।

और उसके कुछ बचपन के दोस्त उसके पास आए और बोले : "अरकद, तुम हमसे ज़्यादा भाग्यशाली हो। तुम पूरे बेबीलोन में सबसे अमीर आदमी बन गए हो जबकि हम जीने के लिए संघर्ष कर रहे हैं। तुम बेहतरीन कपड़े पहन सकते हो और बेहतरीन खाने का आनन्द ले सकते हो, जबकि हमें तभी संतुष्ट होना चाहिए जब हम अपने परिवार को अच्छे कपड़े पहना सकें और उन्हें यथासंभव अच्छा भोजन प्रदान कर सकें।

"फिर भी, एक समय हम बराबर थे। हमने एक ही गुरु के अधीन पढ़ाई की। हमने एक ही खेल खेले। और न तो पढ़ाई में और न ही खेलों में तुम हमसे आगे निकल पाए। और उसके बाद के वर्षों में, तुम हमसे ज़्यादा सम्माननीय नागरिक नहीं रहे।

"और तुमने भी उतनी ही मेहनत की है, जितनी हम सबने की है, जैसा हम देख सकते हैं। फिर, क्यों भाग्य तुम्हें जीवन की

सारी अच्छाइयाँ प्रदान कर रहा है और हमें, जो उतने ही योग्य हैं, नजरअंदाज कर रहा है?"

तब अरकद ने उन्हें समझाया, ''अगर तुमने हम दोनों के युवा होने के बाद इतने वर्षों में सिर्फ जीने के लिए आवश्यक चीजें प्राप्त की हैं, तो इसका कारण यह है कि या तो तुमने उस धन बनाने के तरीकों को नहीं सीखा, या फिर तुम उन्हें ध्यान से नहीं अपनाते।''

"'चंचल भाग्य' एक खतरनाक देवी है, जो किसी को भी स्थायी खुशी प्रदान नहीं करती। इसके बजाय, यह उन लोगों का नुकसान करती है, जिन्हें बिना मेहनत के पैसे मिलते हैं। यह उनको ऐसा बना देती है जो अपना पैसा जल्दी–जल्दी खर्च कर देते हैं और फिर अपनी इच्छाओं को पूरा करने के लिए परेशान रहते हैं। वहीं कुछ लोग जिन्हें यह देवी पैसे देती है, वे बहुत कंजूस बन जाते हैं और खर्च करने से डरते हैं क्योंकि उन्हें लगता है कि वे फिर से पैसा नहीं कमा पाएंगे। वे चोरों के डर से हमेशा घबराए रहते हैं और अपने जीवन को खाली और दुःखी बना लेते हैं।"

''कुछ लोग ऐसे भी होंगे, जो बिना मेहनत के मिले पैसे को संभाल सकते हैं और उसे और बढ़ा सकते हैं, और वे खुश और संतुष्ट रह सकते हैं। लेकिन ऐसे लोग बहुत कम होते हैं, और मैं उन्हें सिर्फ सुनी–सुनाई बातों से जानता हूँ। तुम उन लोगों के बारे में सोचो, जिनके पास अचानक बहुत पैसा आ गया, और देखो क्या ये बातें सही नहीं हैं?''

"उसके दोस्तों ने माना कि जिन लोगों को वे जानते हैं, जिन्हें विरासत में धन मिला था, उनके बारे में ये बातें सच थीं, और उन्होंने उससे विनती की कि वह उन्हें बताए कि उसके पास इतनी समृद्धि कैसे आ गई, इसलिए उसने आगे कहा : "अपनी युवावस्था में मैंने अपने आस–पास देखा और देखा कि वहाँ सभी अच्छी चीजें थीं जो खुशी और संतुष्टि लाती थीं। और मैंने महसूस किया कि धन इन सभी की शक्ति को बढ़ाता है।

"धन एक शक्ति है। धन से बहुत कुछ संभव है।

''कोई भी अपने घर को सबसे अच्छे और महंगे सामान से सजा सकता है। कोई भी दूर–दराज समुद्रों में सफर कर सकता है। कोई भी दूर–देशों के स्वादिष्ट खाने का आनंद ले सकता है।

''कोई भी सोने के कारीगर और पत्थर पर पालिश करने वाले से आभूषण खरीद सकता है।

''कोई तो देवताओं के लिए भव्य मंदिर भी बना सकता है।

"कोई इन सभी चीजों को और बहुत सी अन्य चीजों को कर सकता है, जिनमें इन्द्रियों को खुशी और आत्मा को संतुष्टि मिलती है।

"जब मैंने यह सब समझा, तो मैंने अपने आप से यह तय किया कि मैं जीवन की अच्छी चीजों का हिस्सा बनूँगा। मैं उन लोगों की तरह नहीं रहूँगा जो दूसरों को खुश देख कर बस जलते रहते हैं। मैं सस्ते कपड़े पहन कर संतुष्ट नहीं रहूँगा, जो बस ठीक दिखें। मैं गरीबों जैसी जिंदगी जीने के लिए कभी खुश नहीं रहूँगा। बल्कि, मैं इन अच्छी चीजों का हिस्सा बनूँगा और उनका आनंद लूंगा।

"जैसा कि आप जानते हैं, मैं एक छोटे व्यापारी का बेटा था, और हमारा परिवार बहुत बड़ा था, इसलिए मुझे कोई विरासत नहीं मिल सकती थी। और जैसा आपने कहा, मुझमें कोई खास ताकत या समझ नहीं थी। फिर मैंने यह तय किया कि अगर मुझे जो चाहिए, वो पाना है, तो मुझे समय देना पड़ेगा और मेहनत करनी पड़ेगी।

"जहाँ तक समय की बात है, सभी लोगों के पास समय होता है। तुम सभी के पास इतना समय था कि तुम खुद को अमीर बना सकते थे। फिर भी, तुम मानते हो कि तुम्हारे पास कुछ भी नहीं है, सिवाए अपने अच्छे परिवार के, जिस पर तुम गर्व कर सकते हो।

"जहाँ तक अध्ययन की बात है, क्या हमारे समझदार शिक्षक ने हमें नहीं सिखाया था कि ज्ञान दो प्रकार का होता है : एक वह जिसे हम जानते हैं, और दूसरा वह प्रशिक्षण जो हमें यह सिखाता है कि जो हम नहीं जानते, वह कैसे खोजें?

"इसलिए मैंने सोचा कि मुझे यह पता करना चाहिए कि हम कैसे धन कमा सकते हैं, और जब मुझे इसका तरीका पता चल जाएगा, तो

मैं इससे अपना काम बना लूँगा और अच्छे से करूँगा। क्योंकि, क्या यह समझदारी नहीं है कि हम सूरज की रोशनी में खुश रहें, क्योंकि दुःख तब आएगा जब हम आत्मा की अंधेरी दुनिया में जाएँगे।

"मुझे अभिलेखों के हॉल में एक मुंशी के रूप में रोज़गार मिला, और मैं हर दिन मिट्टी की पट्टियों पर लंबे समय तक काम करता था। सप्ताह दर सप्ताह, और महीने दर महीने, मैंने काम किया, फिर भी मेरी कमाई के लिए मेरे पास दिखाने के लिए कुछ नहीं था। भोजन और कपड़े और देवताओं की पूजा, और अन्य चीज़ें जिनके बारे में मुझे याद नहीं है, मेरी सारी कमाई खा गया। लेकिन मेरा दृढ़ संकल्प मुझे नहीं छोड़ता था।

"और एक दिन साहूकार अल्गामिश नगर के मालिक के घर आया और नौवें कानून की एक प्रति मँगवाई, और उसने मुझसे कहा, मुझे यह दो दिन में मिल जाना चाहिए, और अगर उस समय तक काम पूरा हो जाता है, तो मैं तुम्हें दो ताँबे के सिक्के दूँगा।"

"इसलिए मैंने कड़ी मेहनत की, लेकिन कानून लंबा था, और जब अल्गामिश लौटा तो काम अधूरा था। वह क्रोधित था, और अगर मैं उसका गुलाम होता, तो वह मुझे पीटता। लेकिन यह जानते हुए कि नगर का मालिक उसे मुझे चोट पहुँचाने की अनुमति नहीं देगा, मैं निडर था, इसलिए मैंने उससे कहा, 'अल्गामिश, तुम बहुत अमीर आदमी हो। मुझे बताओ कि मैं भी कैसे अमीर बन सकता हूँ, और सारी रात मिट्टी पर नक्काशी करूँगा, और जब सूरज निकलेगा तब यह पूरा हो जाएगा।'

"वह मेरी ओर देखकर मुस्कुराया और बोला, 'तुम एक आगे बढ़ने वाले बदमाश हो, लेकिन हम इसे एक सौदा कहेंगे।'

"उस पूरी रात मैंने नक्काशी की, हालाँकि मेरी पीठ में दर्द था और बाती की गंध से मेरा सिर दर्द कर रहा था यहाँ तक कि मेरी आँखें मुश्किल से देख पा रही थीं। लेकिन जब वह सूर्योदय के समय लौटा, तो पट्टियाँ पूरी हो चुकी थीं।

"'अब,' मैंने कहा, 'मुझे बताओ जो तुमने वादा किया था।'

"'तुमने हमारे सौदे का अपना हिस्सा पूरा कर लिया है, मेरे बेटे,' उसने मुझसे विनम्रता से कहा, 'और मैं अपना हिस्सा पूरा करने के लिए तैयार हूँ। मैं तुम्हें वे बातें बताऊँगा जो तुम जानना चाहते हो क्योंकि मैं बूढ़ा हो रहा हूँ, और एक बूढ़ी ज़बान को बोलना पसंद है। और जब युवा सलाह के लिए वयस्क हो जाता है तो उसे वर्षों का ज्ञान प्राप्त होता है। लेकिन अक्सर युवा यह सोचते हैं कि उम्र केवल बीते दिनों का ज्ञान जानती है, और इसलिए लाभ नहीं होता। लेकिन याद रखना, आज जो सूरज चमक रहा है, वही सूरज है जो तुम्हारे पिता के जन्म के समय चमक रहा था और तब भी चमकता रहेगा जब तुम्हारा आखिरी पोता अंधेरे में चला जाएगा।

"'युवावस्था के विचार,' उसने आगे कहा, 'उज्ज्वल प्रकाश हैं जो उल्काओं की तरह चमकते हैं जो अक्सर आकाश को चमका देते हैं, लेकिन उम्र का ज्ञान स्थिर सितारों की तरह है जो इतने अपरिवर्तित चमकते हैं कि नाविक अपने मार्ग को चलाने के लिए उन पर निर्भर हो सकता है।

"'मेरे शब्दों को अच्छी तरह से याद रखना, क्योंकि यदि तुम नहीं समझोगे तो तुम उस सत्य को समझने में असफल हो जाओगे जो मैं तुम्हें बताऊँगा और तुम सोचोगे कि तुम्हारी रात की मेहनत बेकार गई।'

"फिर उसने अपनी झबरा भौंहों के नीचे से चतुराई से मेरी ओर देखा और एक धीमी, जोरदार आवाज़ में कहा, 'मुझे धन का मार्ग तब मिला जब मैंने निर्णय किया कि मैंने जो कुछ भी कमाया है उसका एक हिस्सा मेरा है। और तुम भी यही करोगे।'

"फिर उसने मेरी ओर ऐसी नज़र से देखा कि मैं उसे चुभता हुआ महसूस कर सकता था, लेकिन फिर कुछ नहीं बोला।

"'बस इतना ही?' मैंने पूछा।

"'यह भेड़ चराने वाले के दिल को साहूकार के दिल में बदलने के लिए काफी था,' उसने जवाब दिया।

"'लेकिन मैं जो भी कमाता हूँ, वह मेरा ही है, है न?' मैंने पूछा।

"'बिलकुल नहीं,' उसने जवाब दिया। 'क्या तुम कपड़ा बनाने वाले को पैसे नहीं देते? क्या तुम चप्पल बनाने वाले को पैसे नहीं देते? क्या तुम खाने–पीने की चीज़ों के लिए पैसे नहीं देते? क्या तुम बेबीलोन में बिना खर्च किए रह सकते हो? तुम्हारे पास पिछले माह की कमाई के रूप में दिखाने के लिए क्या है? पिछले साल के लिए क्या? मूर्ख! तुम अपने अलावा सबको पैसे देते हो। मूर्ख, तुम दूसरों के लिए काम करते हो। गुलाम बनो और अपने मालिक से खाने–पीने के लिए जो मिलता है, उसके लिए काम करो। यदि आप अपनी कमाई का दसवाँ हिस्सा अपने लिए रखते हैं, तो दस साल में आपके पास कितना होगा?'

'संख्याओं के बारे में मेरा ज्ञान मुझे नहीं छोड़ता, और मैंने उत्तर दिया, 'जितना मैं एक साल में कमाता हूँ।'

"'आप आधा सच बोलते हैं,' उसने पलटकर कहा। 'आप जो भी सोना बचाते हैं, वह आपके लिए काम करने के लिए एक गुलाम है। यह जो भी ताँबा कमाता है, वह उसका बच्चा है जो आपके लिए भी कमा सकता है। यदि आप अमीर बनना चाहते हैं, तो आप जो बचाते हैं, उसे कमाना चाहिए, और उसके बच्चों को कमाना चाहिए, ताकि सभी आपको वह प्रचुरता दे सकें जिसकी आप कामना करते हैं।

"'आपको लगता है कि मैं आपकी रात भर की मेहनत के लिए आपको धोखा देता हूँ,' उसने जारी रखा, 'लेकिन मैं आपको एक हज़ार गुना भुगतान कर रहा हूँ यदि आपके पास मेरे द्वारा प्रस्तुत सत्य को समझने की बुद्धि है।

"'जो कुछ भी तुम कमाते हो, उसका एक हिस्सा तुम्हारा है। यह हिस्सा कम से कम दसवां हिस्सा होना चाहिए, चाहे तुम कितना भी कम कमाओ। जितना ज्यादा तुम जुटा सको, उतना ज्यादा भी हो सकता है। सबसे पहले अपना खुद का भुगतान करो। कपड़े बनाने वाले और चप्पल बनाने वाले से उतना ही खरीदो जितना तुम बाकी पैसों से चुका सको और फिर भी तुम्हारे पास खाने, दान और देवताओं की पूजा के लिए पैसे बचें।

"'धन, एक पेड़ की तरह, एक छोटे से बीज से उगता है। आप जो पहला ताँबे का सिक्का बचाते हैं, वह बीज होता है जिससे आपका धन का पेड़ उगता है। जितनी जल्दी आप उस बीज को बोएँगे, उतनी जल्दी पेड़ उगेगा। और जितनी ईमानदारी से आप उस पेड़ को लगातार बचत करके सींचेंगे, उतनी जल्दी आप उसकी छाया में संतोष से भर जाएँगे।'

"ऐसा कहकर उसने अपनी पट्टिकाएँ लीं और चला गया।

"मैंने उसके द्वारा कही गई बातों के बारे में बहुत सोचा, और यह उचित लगा। इसलिए मैंने निर्णय किया कि मैं इसे इस्तेमाल करूँगा। हर बार जब मुझे भुगतान किया जाता था, तो मैं ताँबे के दस सिक्कों में से एक निकालता था और उसे छिपा देता था। और अजीब लग सकता है, लेकिन मेरे पास पहले की तुलना में पैसे की कोई कमी नहीं थी। मैंने थोड़ा अंतर महसूस किया क्योंकि मैं इसके बिना काम चला रहा था। लेकिन जब मेरा खज़ाना बढ़ने लगा तो मैं अक्सर इसे उन अच्छी चीज़ों पर खर्च करने के लिए ललचाता था जो व्यापारी फीनिशियन की भूमि से ऊँटों और जहाजों द्वारा लाए गए थे। लेकिन मैंने समझदारी से खुद को रोक लिया।

"अल्गामिश बारह महीने बाद फिर से लौटा और मुझसे पूछा, 'बेटा, क्या तुमने पिछले साल की अपनी कमाई का दसवाँ हिस्सा स्वयं को दिया है?'

"मैंने गर्व से उत्तर दिया, 'हाँ, मालिक, मैंने दिया है।'

"'यह तो ठीक है,' उसने मुस्कुराते हुए उत्तर दिया, 'और तुमने इसका क्या किया?'

"'मैंने इसे ईंट बनाने वाले अज़मूर को दे दिया है, जिसने मुझे बताया था कि वह दूर समुद्र पार यात्रा कर रहा है और टायर में वह मेरे लिए फोनीशिया के दुर्लभ रत्न खरीदेगा। जब वह लौटेगा तो हम इन्हें ऊँचे दामों पर बेचेंगे और कमाई को आपस में बाँट लेंगे।'

"'हर मूर्ख को सीखना चाहिए,' उसने गुर्राहट के साथ कहा, 'लेकिन रत्नों के बारे में ईंट बनाने वाले के ज्ञान पर क्यों विश्वास करें? क्या

तुम सितारों के बारे में पूछताछ करने के लिए रोटी बनाने वाले के पास जाओगे? नहीं, मेरी कसम, यदि तुममें सोचने की शक्ति होती तो तुम ज्योतिषी के पास जाते। तुम्हारी बचत चली गई है, युवा, तुमने अपने धन–वृक्ष को जड़ से उखाड़ दिया है। लेकिन दूसरा पौधा लगाओ। फिर से प्रयास करो। और अगली बार अगर तुम्हें रत्नों के बारे में सलाह चाहिए तो रत्न व्यापारी के पास जाओ। अगर तुम्हें भेड़ों के बारे में सच्चाई जाननी है तो चरवाहे के पास जाओ। सलाह एक ऐसी चीज़ है जो मुफ्त में दी जाती है, लेकिन ध्यान रखें कि आप केवल वही लें जो लेने लायक हो। जो व्यक्ति अपनी बचत के बारे में ऐसे व्यक्ति से सलाह लेता है जो ऐसे मामलों में अनुभवहीन है, उसे उनकी राय को झूठा साबित करने के लिए अपनी बचत से भुगतान करना होगा।' यह कहकर वह चला गया।

"और यह वैसा ही हुआ जैसा उसने कहा था। क्योंकि फोनीशियन बदमाश हैं और अजमूर को काँच के बेकार टुकड़े बेचते हैं जो रत्नों की तरह दिखते हैं। लेकिन जैसा कि अल्गामिश ने मुझे कहा था, मैंने फिर से हर दसवाँ ताँबे का सिक्का बचाया, क्योंकि अब मुझे आदत हो गई थी और यह अब मुश्किल नहीं था।

"फिर, बारह महीने बाद, अल्गामिश लेखकों के कमरे में आया और मुझसे बात की। 'पिछली बार जब मैंने तुम्हें देखा था, तब से तुमने क्या प्रगति की है?'

"'मैंने ईमानदारी से स्वयं को भुगतान किया है,' मैंने जवाब दिया, 'और मैंने अपनी बचत को कांस्य खरीदने के लिए ढाल बनाने वाले एगर को सौंप दिया है, और हर चौथे महीने वह मुझे किराया देता है।'

"'यह अच्छी बात है। और तुम किराये के पैसे का क्या करते हो?'

"'मैं शहद, बढ़िया शराब और मसालेदार केक के साथ एक शानदार दावत करता हूँ। इसके अलावा मैंने अपने लिए एक लाल रंग का अंगरखा खरीदा है। और किसी दिन मैं अपने लिए एक छोटा गधा खरीदूँगा जिस पर मैं सवारी कर सकूँ।'

"इस पर अल्गामिश हँसा और बोला, "तुम अपनी बचत के बच्चों को ही खा रहे हो। फिर तुम उनसे कैसे उम्मीद करते हो कि वे तुम्हारे लिए काम करेंगे? और वे कैसे बच्चों को जन्म देंगे जो तुम्हारे लिए काम करेंगे? पहले तो तुम सोने के नौकरों की एक फौज बनाओ, फिर तुम बिना पछताए आनन्द से कई शानदार दावतों का आनंद ले सकोगे।' यह कहकर वह फिर चला गया।

"और न ही मैंने उसे दो साल तक फिर से नहीं देखा, जब वह एक बार फिर लौटा और उसका चेहरा गहरी रेखाओं से भरा हुआ था और उसकी आँखें झुकी हुई थीं, क्योंकि वह बहुत बूढ़ा हो रहा था। और उसने मुझसे कहा, 'अरकद, क्या तुमने वह धन प्राप्त कर लिया है जिसका तुमने सपना देखा था?'

"और मैंने उत्तर दिया, 'अभी तक वह सब नहीं जो मैं चाहता हूँ, लेकिन मेरे पास कुछ है और यह अधिक कमाता है, और इसकी कमाई अधिक कमाती है।'

"'और क्या तुम अभी भी ईंट बनाने वालों की सलाह लेते हो?'

"'ईंट बनाने के बारे में वे अच्छी सलाह देते हैं,' मैंने जवाब दिया।

"'अरकद,' उसने आगे कहा, 'तुमने अपने सबक अच्छी तरह से सीखे हैं। तुमने पहले कम में गुज़ारा करना सीखा जो तुम कमा सकते थे। फिर तुमने उन लोगों से सलाह लेना सीखा जो अपने अनुभवों के माध्यम से इसे देने में सक्षम थे। और, अंत में, तुमने सोने को अपने लिए काम में लाना सीख लिया है।

"'तुमने स्वयं को सिखाया है कि कैसे पैसा कमाया जाए, कैसे रखा जाए और कैसे इसका उपयोग किया जाए। इसलिए, तुम एक ज़िम्मेदार पद के लिए सक्षम हो। मैं बूढ़ा हो रहा हूँ। मेरे बेटे केवल खर्च करने के बारे में सोचते हैं और कमाने के बारे में नहीं सोचते। मेरे हित बहुत बड़े हैं और मुझे बहुत डर है कि मैं उनका ख्याल नहीं रख पाऊँगा। यदि तुम निप्पुर जाकर मेरी ज़मीनों की देखभाल करोगे, तो मैं तुम्हें अपना साझेदार बनाऊँगा और तुम मेरी संपत्ति में हिस्सा पाओगे।'.

"इसलिए मैं निप्पुर गया और उसकी ज़मीनों की देखभाल की, जो बहुत बड़ी थीं। और क्योंकि मैं महत्वाकांक्षा से भरा था और क्योंकि मैंने धन को सफलतापूर्वक संभालने के तीन नियमों में महारत हासिल कर ली थी, इसलिए मैं उसकी संपत्तियों के मूल्य में बहुत वृद्धि करने में सक्षम था।

"इसलिए मैं बहुत समृद्ध हुआ और जब अल्गामिश की आत्मा अंधकार के क्षेत्र में चली गई, तो मैंने उसकी संपत्ति में हिस्सा लिया जैसा कि उसने कानून के तहत तय किया था।" ऐसा अरकद ने कहा और जब उसने अपनी कहानी खत्म की, तो उसके एक दोस्त ने कहा, "तुम वाकई भाग्यशाली हो कि अल्गामिश ने तुम्हें वारिस बनाया।"

"केवल इस बात में भाग्यशाली कि मैं उससे पहली बार मिलने से पहले ही समृद्ध होने की इच्छा रखता था। क्या चार सालों तक मैंने अपनी कमाई का दसवाँ हिस्सा रखकर अपने उद्देश्य की निश्चितता साबित नहीं की? क्या आप उस मछुआरे को भाग्यशाली कहेंगे जिसने वर्षों तक मछलियों की आदतों का इतना अध्ययन किया कि हर बदलती हवा के साथ वह उन पर अपना जाल फेंक सकता है? अवसर एक अभिमानी देवी है जो उन लोगों के साथ समय बर्बाद नहीं करती जो तैयार नहीं हैं।"

"आपने अपनी पहली साल की बचत खोने के बाद भी आगे बढ़ने के लिए दृढ़ इच्छाशक्ति दिखाई। आप इस मामले में असामान्य हैं," दूसरे ने कहा।

"इच्छाशक्ति!" अरकद ने जवाब दिया। "यह क्या बकवास है। क्या तुम सोचते हो कि इच्छाशक्ति से आदमी उस बोझ को उठा सकता है जिसे ऊँट नहीं उठा सकता, या उस भारी चीज को खींच सकता है जिसे बैल नहीं हिला सकते? इच्छाशक्ति सिर्फ वह दृढ़ इरादा है कि तुम जो काम खुद के लिए तय करो, उसे पूरा करो। अगर मैंने किसी छोटे से काम को करने का तय किया, तो मैं उसे जरूर करूँगा। ऐसा नहीं हो सकता कि मैं स्वयं से कहूँ, 'मैं सौ दिनों तक रोज एक कंकड़ उठाकर नदी में फेंकूँगा,' और फिर सातवें दिन भूल

जाऊँ और खुद से कहूँ, 'कल मैं दो कंकड़ फेंक दूँगा, इससे काम चल जाएगा।' नहीं, मैं पीछे मुड़कर उस कंकड़ को फेंक दूँगा। और बीसवें दिन भी मैं खुद से यह नहीं कहूँगा, 'अरकद, यह बेकार है। रोज एक कंकड़ फेंकने से क्या होता है? एक मुट्ठी कंकड़ फेंक दो और काम खत्म करो।' नहीं, मैं ऐसा नहीं कहूँगा और न करूँगा। जब मैंने स्वयं से कोई काम तय किया, तो मैं उसे पूरा करूँगा। इसलिए, मैं ध्यान रखता हूँ कि मैं बहुत मुश्किल और नासमझ काम न शुरू करूँ, क्योंकि मुझे आराम पसंद है।"

"धन वहीं बढ़ता है जहाँ लोग मेहनत करते हैं," अरकद ने जवाब दिया। "अगर एक अमीर आदमी अपने लिए नया महल बनवाता है, तो क्या जो सोना उसने खर्च किया, वह चला गया? नहीं, ईंट बनाने वाले के पास उसका कुछ हिस्सा है, मजदूर के पास उसका कुछ हिस्सा है, और कलाकार के पास भी उसका हिस्सा है। और जो भी उस महल पर काम करता है, उसके पास उसका कुछ हिस्सा है। फिर जब महल पूरा हो जाता है, क्या वह उसकी कीमत के बराबर नहीं होता? और क्या वह जमीन जिस पर वह खड़ा है, और ज्यादा कीमती नहीं हो जाती क्योंकि उस पर महल है? और क्या वह जमीन जो उसके पास है, वह भी ज्यादा कीमती नहीं हो जाती क्योंकि वह वहाँ है? धन अद्‌भुत तरीकों से बढ़ता है। कोई भी आदमी यह नहीं कह सकता कि इसकी कोई सीमा है। क्या फिनिशियनों ने समुद्र के व्यापारिक जहाजों से मिलने वाले धन से बंजर तटों पर महान शहर नहीं बनाए?"

"तो फिर तुम हमें क्या सलाह देते हो कि हम भी अमीर बन सकें?" एक और दोस्त ने पूछा। "साल बीत चुके हैं, अब हम युवा नहीं रहे, और हमारे पास कुछ भी बचा हुआ नहीं है।"

"मैं सलाह देता हूँ कि तुम अल्गामिश की बातों को मानो और स्वयं से कहो, 'मेरी हर कमाई का एक हिस्सा मेरा है, जिसे मैं बचा सकता हूँ।' यह बात सुबह उठते समय कहो, दोपहर में कहो, रात को कहो। इसे हर घंटे, हर दिन बोलो। स्वयं से यह कहो जब तक ये शब्द आकाश में जलते हुए अक्षरों जैसे स्पष्ट न दिखने लगे।

"अपने आप को इस विचार से प्रभावित करें। अपने आप को इस विचार से भरें। फिर जो भी हिस्सा समझदारी भरा लगे उसे लें। इसे दसवें हिस्से से कम न होने दें और उसे अलग रख दें। यदि आवश्यक हो तो अपने अन्य खर्चों को व्यवस्थित करें। लेकिन पहले उस हिस्से को अलग रखें। जल्द ही आपको एहसास होगा कि एक ऐसे खज़ाने का मालिक होना कितना समृद्ध एहसास है जिस पर आपका ही अधिकार है। जैसे–जैसे यह बढ़ता जाएगा, यह आपको उत्साहित करेगा। जीवन का एक नया आनंद आपको रोमांचित करेगा। अधिक कमाने के लिए आपके पास अधिक प्रयास आएँगे। आपकी बढ़ी हुई कमाई का क्या वही प्रतिशत आपके पास भी नहीं होगा?''

फिर अपने खज़ाने को अपने लिए काम करवाना सीखें। इसे अपना गुलाम बनाएँ। उसके बच्चों और उसके बच्चों के बच्चों से काम करवाओ।

"अपने भविष्य के लिए एक स्थिर आय की व्यवस्था करो। वृद्धों को देखो और यह मत भूलो कि आने वाले दिनों में तुम भी उन्हीं में से एक होगे। इसलिए, अपने खजाने को बहुत सोच–समझकर निवेश करो, ताकि वह खो न जाए। अत्यधिक लाभ का लालच देने वाली ब्याज दरें धोखेबाज आकर्षण हैं, जो अनजाने लोगों को नुकसान और पछतावे की चट्टानों पर फेंकने के लिए गाती हैं।

"यह भी सुनिश्चित करो कि तुम्हारे परिवार को कोई कमी न हो अगर देवता तुम्हें अपने राज्य में बुलाते हैं (तुम्हारी मृत्यु हो जाती है)। ऐसी सुरक्षा के लिए नियमित अंतराल पर छोटे–छोटे भुगतानों के साथ प्रावधान करना हमेशा संभव है। इसलिए दूरदर्शी व्यक्ति इस उम्मीद में देरी नहीं करता कि इस तरह के बुद्धिमान उद्देश्य के लिए बड़ी राशि उपलब्ध हो जाएगी।

"समझदार लोगों से सलाह लो। उन लोगों की सलाह लो जिनका रोज का काम पैसों से जुड़ा हुआ है। उन्हें अपना मार्गदर्शन करने दो ताकि वे तुम्हें उस गलती से बचा सकें जो मैंने स्वयं की थी, जब मैंने अपना पैसा अजमूर, ईंट बनाने वाले को सौंप दिया था। थोड़ा सा सुरक्षित लाभ, जोखिम से कहीं ज्यादा अच्छा होता है।"

जब तक तुम यहाँ हो, जीवन का आनंद लो। खुद को ज्यादा तनाव में मत डालो और अधिक बचत करने की कोशिश मत करो। अगर तुम्हारी कमाई का दसवां हिस्सा इतना है, जिसे तुम आराम से रख सकते हो, तो उतना ही रखना सही है। बाकी का जीवन अपनी आय के हिसाब से जीओ और खर्च करने से घबराओ मत। जीवन अच्छा है और इसमें कई ऐसी चीजें हैं जो मूल्यवान और आनंद देने वाली हैं।

उसके दोस्तों ने उसे धन्यवाद दिया और चले गए। कुछ चुप थे क्योंकि वे समझ नहीं पाए। कुछ मजाक कर रहे थे क्योंकि उन्हें लगता था कि इतना अमीर आदमी पुराने दोस्तों के साथ अपनी संपत्ति बांटे। लेकिन कुछ दोस्तों की आँखों में एक नई चमक थी। उन्हें समझ में आया कि अल्गामिश हर बार लेखकों के कमरे में क्यों आता था, क्योंकि वह एक आदमी को अंधकार से प्रकाश की ओर बढ़ते हुए देख रहा था। जब उस आदमी ने सच्चाई को समझ लिया, तो उसके लिए एक जगह बन गई थी। कोई भी उस जगह को तब तक नहीं भर सकता था जब तक वह खुद अपनी समझ नहीं प्राप्त कर लेता और मौके के लिए तैयार नहीं हो जाता।

ये वही लोग थे, जो अगले कुछ सालों में बार–बार अरकद के पास आए। अरकद ने उनका स्वागत खुशी–खुशी किया। उन्होंने उन सभी को सलाह दी और अपने अनुभव से उन्हें समझाया, जैसा कि बड़े अनुभव वाले लोग हमेशा दूसरों की मदद करते हैं। और उन्होंने उन्हें अपने पैसे इस तरह निवेश करने में मदद की, जिससे उन्हें अच्छा मुनाफा मिले, पैसे सुरक्षित रहें और वे ऐसे निवेशों में न फंसे जो कोई लाभ न दें।

इन लोगों के जीवन में महत्वपूर्ण बदलाव तब आया, जब उन्होंने उस महत्वपूर्ण सच्चाई को समझा, जो पहले अल्गामिश से अरकद तक और फिर अरकद से उन तक पहुँची थी।

आप जो कमाते हैं उसका एक हिस्सा आपको रखना है।

दुबले–पतले बटुए के लिए सात उपाय

बेबीलोन की महिमा कायम है। सदियों से इसकी ख्याति हमें सबसे अमीर शहरों के रूप में मिलती है, इसके खज़ाने शानदार हैं।

लेकिन हमेशा ऐसा नहीं था। बेबीलोन की दौलत उसके लोगों की बुद्धिमत्ता का परिणाम थी। उन्हें पहले यह सीखना था कि कैसे अमीर बनें।

जब अच्छा राजा, सरगोन अपने दुश्मनों, एलामियों को हराने के बाद बेबीलोन लौटा, तो उसे एक गंभीर स्थिति का सामना करना पड़ा। शाही चांसलर ने राजा को इस तरह समझाया :

"कई वर्षों तक हमारे लोगों को बहुत समृद्धि मिली क्योंकि महामहिम ने महान सिंचाई नहरों और देवताओं के विशाल मंदिरों का निर्माण किया, अब जब ये काम पूरे हो गए हैं तो लोग स्वयं का भरण–पोषण करने में असमर्थ हैं।

"मज़दूरों के पास कोई काम नहीं है। व्यापारियों के पास बहुत कम ग्राहक हैं। किसान अपनी उपज नहीं बेच पा रहे हैं। लोगों के पास भोजन खरीदने के लिए पर्याप्त सोना नहीं है।"

"लेकिन वह सारा सोना कहाँ गया जो हमने इन महान सुधारों के लिए खर्च किया था?" राजा ने पूछा।

चांसलर ने जवाब दिया, "मुझे डर है कि यह हमारे शहर के कुछ बहुत अमीर लोगों के कब्जे में आ गया है। यह हमारे ज़्यादातर लोगों

की उँगलियों से उतनी ही तेज़ी से छनकर निकल गया है, जितनी तेज़ी से बकरी का दूध छलनी से होकर निकलता है। अब जब सोने की धारा बहना बंद हो गई है, तो हमारे ज़्यादातर लोगों के पास अपनी कमाई के लिए कुछ नहीं है।"

राजा कुछ समय तक विचारशील रहे। फिर उन्होंने पूछा, "ऐसा क्यों है कि कुछ ही लोग सोने को प्राप्त करने में सक्षम होते हैं?"

"क्योंकि वे जानते हैं कि कैसे," चांसलर ने जवाब दिया। "कोई व्यक्ति सफल होने के लिए दोषी नहीं ठहराया जा सकता, क्योंकि वह जानता है कि कैसे। न ही कोई व्यक्ति न्याय के साथ किसी व्यक्ति से वह सब छीन सकता है, जो उसने उचित रूप से कमाया है, ताकि कम योग्यता वाले लोगों को दिया जा सके।"

"लेकिन क्यों," राजा ने पूछा, "सभी लोग सोना एकत्रित करने का तरीका क्यों नहीं सीख सकते और इस प्रकार वे स्वयं अमीर और समृद्ध क्यों नहीं बन सकते?"

"बिलकुल संभव है, महाराज। लेकिन उन्हें कौन सिखा सकता है? निश्चित ही पुजारी नहीं, क्योंकि वे पैसे कमाने के बारे में कुछ नहीं जानते।"

"हमारे शहर में सबसे अच्छे तरीके से धनवान बनने का तरीका कौन जानता है, चांसलर?" राजा ने पूछा।

"महाराज, आपके सवाल का जवाब खुद ही मिल जाता है। बेबीलोन में सबसे ज़्यादा धन किसने कमाया है?"

"ठीक कहा, मेरे योग्य चांसलर। यह अरकद है। वह बेबीलोन का सबसे अमीर आदमी है। उसे कल मेरे सामने लाओ।"

अगले दिन, जैसा कि राजा ने आदेश दिया था, अरकद अपनी सत्तर साल की उम्र के बावजूद सीधे और फुर्ती से उसके सामने आया।

"अरकद," राजा ने कहा, "क्या यह सच है कि तुम बेबीलोन के सबसे अमीर आदमी हो?"

"ऐसा ही कहा जाता है, महाराज, और कोई भी इसका विरोध नहीं करता।"

"तुम इतने धनवान कैसे बने?"

"हमारे शहर में जो भी अवसर सभी नागरिकों के लिए खुले हैं, उन्हें अपनाकर मैंने ये संपत्ति बनाई।"

"क्या तुम्हारे पास शुरुआत में कुछ नहीं था?"

"केवल धन पाने की एक बड़ी इच्छा थी। इसके अलावा कुछ भी नहीं।"

"अरकद," राजा ने आगे कहा, "हमारा शहर बहुत ही दुःखी अवस्था में है क्योंकि कुछ लोग जानते हैं कैसे संपत्ति प्राप्त की जाती है और इसलिए वही इसे अपने पास रखते हैं, जबकि हमारे शहर के अधिकांश नागरिकों को यह ज्ञान नहीं है कि जो सोना उन्हें मिलता है, उसका कुछ अंश कैसे बचाया जाए।"

"मेरी इच्छा है कि बेबीलोन दुनिया का सबसे समृद्ध शहर बने। इसलिए, यह एक ऐसा शहर होना चाहिए जहाँ बहुत सारे समृद्ध व्यक्ति हों। इसलिए, हमें सभी लोगों को यह सिखाना चाहिए कि संपत्ति कैसे प्राप्त की जाए। मुझे बताओ, अरकद, क्या संपत्ति प्राप्त करने का कोई रहस्य है? क्या इसे सिखाया जा सकता है?"

"यह व्यावहारिक है, महाराज। जो एक व्यक्ति जानता है, उसे दूसरों को सिखाया जा सकता है।"

राजा की आँखें चमक उठीं। "अरकद, तुम वही शब्द बोल रहे हो जो मैं सुनना चाहता था। क्या तुम इस महान कार्य में अपना योगदान दोगे? क्या तुम अपने ज्ञान को एक शिक्षक विद्यालय में सिखाओगे, जहाँ से हर शिक्षक दूसरों को सिखाएगा, ताकि मेरे राज्य में हर योग्य नागरिक तक यह ज्ञान पहुँच सके?"

अरकद ने सिर झुका कर कहा, "मैं आपका विनम्र सेवक हूँ। जो भी ज्ञान मुझमें है, उसे मैं खुशी–खुशी दूसरों की भलाई और अपने राजा की महिमा के लिए प्रदान करूँगा। कृपया आप अपने चांसलर से कहें कि वे मेरे लिए सौ लोगों का एक समूह तैयार करें, और मैं उन्हें वे सात उपाय सिखाऊँगा, जिनकी वजह से मेरा धन बढ़ा था, जबकि पहले मेरा बटुआ बेबीलोन में सबसे खाली था।"

राजा के आदेश के अनुसार, पंद्रह दिन बाद, चुने गए सौ व्यक्ति ज्ञान मंदिर के बड़े हॉल में एकत्रित हुए, जहाँ वे रंगीन घेरे पर अर्धवृत्ताकार रूप में बैठ गए थे। अरकद एक छोटे से मेज के पास बैठे थे, जिस पर एक पवित्र दीपक रखा था, जो एक अजीब और सुखद गंध छोड़ रहा था।

''देखो, बबीलोन का सबसे अमीर आदमी,'' एक छात्र ने अपने साथी को हल्के से धक्का देते हुए कहा, जब अरकद खड़ा हुआ। ''वह भी हम सभी की तरह एक इंसान है।''

''हमारे महान राजा के एक कर्तव्यपरायण विषय के रूप में,'' अरकद ने शुरू किया, "मैं उनकी सेवा में आपके सामने खड़ा हूँ। क्योंकि मैं एक गरीब युवक था जिसे स्वर्ण की बहुत इच्छा थी, और क्योंकि मुझे ऐसा ज्ञान मिला जिससे मैं इसे प्राप्त कर सका, इसलिए वे मुझसे कहते हैं कि मैं आपको अपना ज्ञान प्रदान करूँ।

''अपने भाग्य की शुरुआत बहुत ही साधारण तरीके से की थी। मेरे पास कोई ऐसा लाभ नहीं था जो आप और बेबीलोन के हर नागरिक के पास न हो।''

''मेरे खजाने का पहला भंडार एक बटुआ था। मुझे उसका खालीपन बहुत बुरा लगता था। मैं चाहता था कि वह गोल और भरा हुआ हो, सोने की आवाज से बजता हो। इसलिए, मैंने एक पतले बटुए के लिए हर उपाय तलाशा। मैंने सात उपाय पाए।''

'आप लोगों को, जो मेरे सामने इकट्ठे हुए हैं, मैं खाली बटुए के लिए सात उपाय बताऊँगा, जो मैं उन सभी लोगों को सुझाता हूँ जो बहुत सारा सोना चाहते हैं। हर रोज़ सात दिनों तक मैं तुम्हें सात उपायों में से एक उपाय समझाऊँगा।

''ध्यान से सुनिए जो ज्ञान मैं आपको देने जा रहा हूँ। इसे मेरे साथ चर्चा करो, आपस में बातचीत करो। इन पाठों को अच्छे से सीखो, ताकि आप भी अपने बटुए में धन का बीज डाल सको। पहले, हर एक को अपनी स्वयं की संपत्ति बनाने की समझ से शुरुआत

करनी चाहिए। तभी आप सक्षम हो पाओगे, और तभी आप दूसरों को ये सत्य सिखा सकोगे।

''मैं आपको आसान तरीके से सिखाऊँगा कि कैसे अपने बटुए को मोटा करना है। यह धन के मंदिर की ओर जाने वाला पहला कदम है, और कोई भी आदमी उस कदम पर मजबूती से पैर नहीं रख सकता, जो पहले कदम पर खड़ा नहीं हो सकता।

''अब हम पहले उपचार पर विचार करेंगे।''

पहला उपचार

अपने बटुए को मोटा करना शुरू करें

अरकद ने दूसरी पंक्ति में बैठे एक विचारशील व्यक्ति से बात की। ''मेरे अच्छे दोस्त, आप किस शिल्प में काम करते हो?''

''मैं,'' उस व्यक्ति ने उत्तर दिया, ''एक मुंशी हूँ और मिट्टी की पट्टियों पर अभिलेख बनाता हूँ।''

''मैंने भी ऐसे ही परिश्रम से अपनी पहली कमाई की थी। इसलिए, आपके पास भी वही अवसर है कि आप अपनी संपत्ति बना सको।''

उसने पीछे खड़े एक फूले हुए चेहरे वाले व्यक्ति से बात की। "कृपया यह भी बताओ कि आप अपनी रोजी रोटी कमाने के लिए क्या करते हो?"

इस व्यक्ति ने जवाब दिया, ''मैं एक कसाई हूँ। मैं किसानों से बकरियाँ खरीदता हूँ, उन्हें काटता हूँ, फिर मांस घरेलू महिलाओं को बेचता हूँ और खाल चप्पल बनाने वालों को बेचता हूँ।''

''क्योंकि आप भी मेहनत करते हो और कमाते हो, आपके पास वही सब अवसर हैं सफल होने के, जो मेरे पास थे।''

इस तरह, अरकद ने यह जानने की कोशिश की कि हर व्यक्ति किस तरह अपनी रोजी–रोटी कमाने के लिए मेहनत करता है। जब उसने उनसे सवाल करना समाप्त किया, तो वह बोला :

''अब, मेरे छात्रों, आप देख सकते हैं कि कई तरह के काम और व्यवसाय हैं, जिनसे लोग पैसे कमा सकते हैं। हर एक काम से एक सोने की धारा बहती है, जिसमें से काम करने वाला व्यक्ति अपनी मेहनत से कुछ हिस्सा अपनी जेब में डालता है। इस तरह, हर किसी की जेब में सिक्के आते हैं, जो उसके काम करने की क्षमता पर निर्भर करते हैं। क्या यह सच नहीं है?''

तब वे सभी इस बात पर सहमत हो गए कि ऐसा ही है। ''तब,'' अरकद ने कहा, ''अगर आप में से हर कोई चाहता है कि वह अपने लिए एक संपत्ति बनाए, तो क्या यह समझदारी नहीं होगी कि वह उस धन के स्रोत का उपयोग शुरू करे, जो पहले से ही उसके पास है?''

इस पर वे सहमत हुए।

तब अरकद एक विनम्र व्यक्ति की ओर मुड़े, जिसने स्वयं को अंडा व्यापारी बताया था। ''अगर आप अपनी एक टोकरी को चुनकर उसमें हर सुबह दस अंडे डालें और हर शाम उससे नौ अंडे निकालें, तो अंततः क्या होगा?''

''समय के साथ यह भर जाएगा।''

''क्यों?''

''क्योंकि हर दिन मैं जितने अंडे निकालता हूँ, उससे एक अधिक अंडा उसमें डालता हूँ।''

अरकद ने कक्षा की ओर मुस्कुराते हुए देखा। ''क्या यहाँ कोई आदमी है जिसका बटुआ पतला है?''

पहले वे आश्चर्यचकित हो गए। फिर वे हँसे। अंत में उन्होंने मजाक में अपने बटुए हिलाए।

''ठीक है,'' उन्होंने आगे कहा, ''अब मैं तुम्हें पहला उपाय बताऊँगा जिससे मैंने अपने खाली बटुए को भरा। ठीक वैसे ही जैसे मैंने अंडा व्यापारी से कहा था, वैसा करो। हर दस सिक्कों में से जब आप अपने बटुए में एक डालो, तो केवल नौ सिक्के ही खर्च करो। तुम्हारा बटुआ तुरंत भरना शुरू हो जाएगा और उसका बढ़ता हुआ वजन तुम्हारे हाथ में अच्छा लगेगा और तुम्हारी आत्मा को संतुष्टि मिलेगी।

"मेरी बातों का मजाक मत उड़ाओ, क्योंकि ये सरल हैं। सत्य हमेशा सरल होता है। मैंने आपको बताया था कि मैंने अपनी संपत्ति कैसे बनायी। यह मेरी शुरुआत थी। मैं भी एक खाली बटुआ लेकर चलता था और इसे कोसता था क्योंकि इसमें मेरी इच्छाओं को संतुष्ट करने के लिए कुछ नहीं था। किंतु जब मैंने अपने बटुए में जो दस हिस्से डाले, उनमें से केवल नौ हिस्से ही निकाले, तो यह भरने लगा। ऐसे ही आपका बटुआ भी भरने लगेगा।

"अब मैं एक अजीब सत्य बताने जा रहा हूँ, जिसका कारण मुझे समझ में नहीं आता। जब मैंने अपनी कमाई का नौवां–दसवां हिस्सा बचाना शुरू किया, तो मुझे उतनी अच्छी जिन्दगी जीने में कोई परेशानी नहीं हुई। मुझे पहले जैसा ही मिल रहा था। और कुछ समय बाद, मुझे पहले से कहीं अधिक आसानी से पैसे मिलने लगे। मुझे ऐसा लगता है कि यह देवताओं का नियम है कि जो अपनी कमाई का एक भाग बचाता है और उसे खर्च नहीं करता, उसके पास सोना और अधिक आता है। वहीं, जिसका बटुआ खाली रहता है, वह सोने से दूर हो जाता है।" वहीं, जिसका बटुआ खाली होता है, सोना उससे दूर रहता है।"

"आपको सबसे अधिक क्या चाहिए? क्या आपकी इच्छाएँ रोज पूरी करना, जैसे कोई गहना, अच्छे कपड़े, खाना–ऐसी चीजें जो जल्दी समाप्त हो जाती हैं और फिर भुला दी जाती हैं? या फिर तुम्हें स्थायी संपत्ति चाहिए–सोना, जमीन, मवेशी, और ऐसे निवेश जो तुम्हारे लिए आमदनी लाएँ? जो सिक्के तुम अपने बटुए से निकालते हो, वे तुम्हें प्राथमिक चीजें दिलाते हैं। और जो सिक्के तुम बटुए में छोड़ देते हो, वे तुम्हें दूसरी, स्थायी चीजें प्रदान करवाते हैं।

"मेरे विद्यार्थियों, यह वह पहली दवा थी जिसे मैंने अपने खाली बटुए के लिए खोजा : 'हर निकाले गए दस सिक्कों में से मैं नौ ही सिक्के खर्च करूँगा।' इस पर आपस में चर्चा करो। अगर कोई व्यक्ति इसे असत्य साबित कर दे, तो मुझे कल बताओ जब हम फिर मिलेंगे।"

दूसरा उपचार

अपने खर्चों पर नियंत्रण रखें

''कुछ छात्रों ने मुझसे यह सवाल पूछा है : जब आदमी की सारी कमाई उसके जरूरी खर्चों के लिए भी पर्याप्त नहीं होती, तो वह अपनी कमाई का दसवां भाग अपने पास कैसे रख सकता है?"

अरकद ने यह बात अपने छात्रों से दूसरे दिन कही।

''कल तुममें से कितने लोगों के बटुए खाली थे?''

''हम सभी के बटुए,'' कक्षा ने उत्तर दिया।

"फिर भी, तुम सभी एक समान नहीं कमाते। कुछ लोग दूसरों से बहुत अधिक कमाते हैं। कुछ लोगों के पास पालन–पोषण के लिए बहुत बड़े परिवार हैं। फिर भी, सभी के बटुए समान रूप से खाली थे। अब मैं आपको मनुष्यों और उनके बच्चों के बारे में एक विचित्र सत्य बताता हूँ। वह यह है कि जिसे भी हम अपने 'आवश्यक खर्चे' कहते हैं, वह हमेशा हमारी आय के बराबर हो जाते हैं, जब तक हम इसके विरूद्ध आवाज नहीं उठाते।

''अपने आवश्यक खर्चों को अपनी इच्छाओं से भ्रमित मत करो। आप में से हर एक, अपने अच्छे परिवारों के साथ, उन इच्छाओं से घिरा हुआ है जिन्हें आपकी कमाई पूरी नहीं कर सकती। इसलिये आपकी कमाई इन इच्छाओं को पूरा करने के लिए खर्च होती है, जितना कि वह कर सकती है। फिर भी, आप कई ऐसी इच्छाओं को पूरा नहीं कर पाते।

''हर इंसान के पास अपनी इच्छाओं की एक अधिकता होती है जिसे वे पूरी तरह पूरा नहीं कर सकते। क्या आप सोचते हो कि मेरी संपत्ति के कारण मैं हर इच्छा को पूरा कर सकता हूँ? यह एक गलत विचार है। मेरे पास समय की सीमाएँ हैं। मेरे पास शक्ति की सीमाएँ हैं। मैं कितनी दूर जा सकता हूँ, इसकी भी सीमाएँ हैं। मैं कितना खा सकता हूँ, इसकी भी सीमाएँ हैं। मैं कितने आनंद से जी सकता हूँ, उसकी भी सीमाएँ हैं।

"मैं तुमसे कहता हूँ कि जिस तरह किसान जहाँ भी अपनी जड़ों के लिए जगह छोड़ता है, वहाँ खरपतवार उग आते हैं, उसी तरह मनुष्य में इच्छाएँ भी तब स्वतंत्र रूप से उगती हैं, जब उनकी संतुष्टि की संभावना होती है। तुम्हारी इच्छाएँ बहुत हैं और जिन्हें तुम संतुष्ट कर सकते हो, वे बहुत कम हैं।

"अपने जीवन के खर्चों को ध्यान से देखो। आप पाएंगे कि बहुत से खर्चे ऐसे हैं जिन्हें आप कम कर सकते हो या बिलकुल हटा सकते हो। आपका नियम यह होना चाहिए कि हर पैसे को खर्च करने से पहले सोचो कि क्या वह खर्च वाकई में जरूरी है और क्या उससे आपको पूरा लाभ मिल रहा है।

"इसलिए, अपने सभी खर्चों को एक कागज पर लिखो। उन चीजों का चुनाव करो जो जरूरी हैं और जो खर्च तुम्हारी आय के नौ हिस्सों से पूरे हो सकते हैं। बाकी अन्यों को काट दो और उन्हें उन इच्छाओं का हिस्सा समझो जिन्हें आप पूरा नहीं कर सकते, और उनका पछतावा मत करो।

"तो अब अपने जरूरी खर्चों का बजट बनाओ। उस दसवें भाग को मत छुओ जो तुम्हारे बटुए को भर रहा है। इसे अपना सबसे बड़ा लक्ष्य मानो जो पूरा हो रहा है। अपने बजट के साथ काम करते रहो, इसे हर समय सुधारते रहो ताकि यह तुम्हारे बढ़ते हुए बटुए की रक्षा करने में मदद करे।"

तब एक छात्र, जो लाल और सुनहरे रंग के वस्त्र पहने हुए था, खड़ा हुआ और बोला, "मैं एक स्वतंत्र व्यक्ति हूँ। मुझे लगता है कि यह मेरा अधिकार है कि मैं जीवन की अच्छाइयों का आनंद लूँ। इसलिए मैं एक बजट के गुलाम बनने का विरोध करता हूँ, जो यह निर्धारित करता है कि मुझे कितना खर्च करना चाहिए और किस पर। मुझे लगता है कि यह मेरे जीवन से बहुत बड़ा आनंद छीन लेगा और मुझे एक बोझ ढोने वाले गधे से कुछ ज्यादा नहीं बना देगा।"

अरकद ने उसे उत्तर दिया, "मेरे दोस्त, आपका बजट कौन तय करेगा?"

''मैं इसे अपने लिए बनाऊँगा,'' विरोध करने वाले ने उत्तर दिया।

"उस स्थिति में अगर एक गधा अपने बोझ का बजट बनाता है तो क्या वह उसमें गहने, कालीन और सोने की भारी छड़ें शामिल करेगा? ऐसा नहीं है। वह रेगिस्तानी रास्ते के लिए घास, अनाज और पानी की एक थैली शामिल करेगा।

"बजट का उद्देश्य है तुम्हारे बटुए को समृद्धि से भरना। यह तुम्हारी आवश्यकताओं को पूरा करने के साथ–साथ तुम्हारी और इच्छाओं को भी, जहाँ तक संभव हो, पूरा करने का मार्ग दिखाता है। बजट तुम्हारी सबसे प्रिय इच्छाओं को साकार करने में सहायक है, उन्हें छोटी और अनावश्यक इच्छाओं से सुरक्षित रखता है। जैसे किसी अंधेरी गुफा में एक उज्ज्वल दीपक चमकता है, वैसे ही बजट तुम्हारे बटुए में होने वाले फिजूल खर्चों को उजागर करता है और उन्हें रोकने में मदद करता है ताकि तुम अपने खर्चों को सुनियोजित कर, स्पष्ट और सुखद लक्ष्यों के लिए नियंत्रित कर सको।

''तो, यह है एक पतले बटुए के लिए दूसरा उपचार। *अपने खर्चों का बजट बनाएँ ताकि आपके पास अपनी ज़रूरतों को पूरा करने के लिए, अपने आनंद के लिए और अपनी सार्थक इच्छाओं को पूरा करने के लिए सिक्के हों, बिना अपनी कमाई के नौ–दसवें हिस्से से ज़्यादा खर्च किए।*""

तीसरा उपचार

अपने सोने को बढ़ाओ

''देखो, आपका पतला बटुआ अब मोटा हो रहा है। आपने खुद को यह सिखाया है कि जो भी आप कमाते हो, उसका दसवाँ हिस्सा छोड़कर बाकी का खर्च करो। आपने अपने खर्चों पर नियंत्रण प्राप्त कर लिया है, जिससे आपकी बढ़ती संपत्ति सुरक्षित है। अब हम यह सोचेंगे कि अपनी संपत्ति को कैसे काम में लाया जाए और उसे बढ़ाया जाए।

बटुए में सोना रखना अच्छा लगता है और यह एक कंजूस व्यक्ति को संतुष्ट करता है, लेकिन यह कोई लाभ नहीं कमाता। हमारी कमाई में जो सोना हम रखते हैं, वह सिर्फ शुरुआत है। वही सोना भविष्य में हमें और अधिक संपत्ति कमाने में मदद करेगा।'' तीसरे दिन अरकद ने अपनी कक्षा से यही बात कही।

"तो हम अपने सोने को कैसे काम में ला सकते हैं? मेरा पहला निवेश दुर्भाग्यपूर्ण था, क्योंकि मैंने अपना सब कुछ खो दिया था। इसकी कहानी मैं बाद में बताऊँगा। मेरा पहला लाभदायक निवेश एक ऋण था, जो मैंने अग्गर नामक एक व्यक्ति को दिया था, जो एक ढाल निर्माता था। हर साल एक बार वह अपने व्यापार में उपयोग करने के लिए समुद्र के पार से कांस्य की बड़ी खेप खरीदता था। व्यापारियों को भुगतान करने के लिए पर्याप्त पूँजी की कमी के कारण, वह उन लोगों से उधार लेता था जिनके पास अतिरिक्त सिक्के होते थे। वह एक इज़्ज़तदार आदमी था। वह अपनी ढालें बेचकर, उदारतापूर्वक किराया देकर, अपना उधार चुकाता था।

''हर बार जब मैंने उसे उधार दिया, तो मैंने वह ब्याज भी वापस कर दिया जो उसने मुझे पहले दिया था। इसलिए न केवल मेरी पूँजी बढ़ी, बल्कि इससे मिलने वाली कमाई भी बढ़ी। मेरे लिए यह बहुत संतोषजनक था कि ये पैसे मेरे बटुए में वापस आ रहे थे।

''मैं आपसे कहता हूँ, मेरे विद्यार्थियों, एक आदमी की संपत्ति उसके बटुए में जो सिक्के होते हैं, वो नहीं होती। असल में उसकी संपत्ति उसकी कमाई होती है, वह सोने की धारा जो हमेशा उसके बटुए में आती रहती है और उसे हमेशा भरा रखती है। यही हर आदमी चाहता है। यही आप सभी चाहते हो; ऐसी आय जो बिना काम किए या यात्रा करने के बाद भी आती रहे।

''मैंने बहुत बड़ी संपत्ति बनाई है, इतनी बड़ी कि लोग मुझे एक बहुत अमीर आदमी मानते हैं। अग्गर को दिए गए मेरे ऋण से मैंने अपने पहले लाभकारी निवेश का अनुभव प्राप्त किया। इस अनुभव से सीखा, और मैंने अपनी पूँजी बढ़ाने के साथ–साथ अपने ऋण और निवेश को भी

बढ़ाया। शुरू में कुछ एक स्रोतों से, फिर कई स्रोतों से, मेरे बटुए में पैसा आने लगा जो मैं अपनी इच्छानुसार सही जगह पर खर्च कर सकता था।

"देखो, मैंने अपनी मामूली कमाई से सोने के दासों का एक भण्डार बनाया था, जिनमें से प्रत्येक ने मेहनत करके और अधिक सोना कमाया। जैसे उन्होंने मेरे लिए मेहनत की, वैसे ही उनके बच्चों ने भी मेहनत की और उनके बच्चों के बच्चों ने भी जब तक कि उनके संयुक्त प्रयासों से आय बहुत अधिक नहीं हो गई।

"उचित कमाई करने पर सोना तेजी से बढ़ता है जैसा कि आप निम्नलिखित से देख सकते हैं : एक किसान, जब उसका पहला बेटा पैदा हुआ, तो उसने एक साहूकार के पास चाँदी के दस सिक्के ले जाकर उससे कहा कि वह इसे उसके बेटे के लिए ब्याज पर रखे जब तक कि वह बीस वर्ष का न हो जाए। साहूकार ने ऐसा ही किया और इस बात पर सहमत हुआ कि ब्याज हर चार साल में इसके मूल्य का एक–चौथाई होना चाहिए। किसान ने कहा, क्योंकि उसने यह राशि अपने बेटे के लिए अलग रखी थी, इसलिए ब्याज मूलधन में जोड़ दिया जाए।

"जब लड़का बीस वर्ष का हो गया, तो किसान फिर से चाँदी के बारे में पूछताछ करने के लिए साहूकार के पास गया। साहूकार ने समझाया कि चूँकि यह राशि चक्रवृद्धि ब्याज से बढ़ गई थी, इसलिए चाँदी के मूल दस सिक्के अब बढ़कर बत्तीस और आधा टुकड़ा हो गए थे।

"किसान बहुत खुश हुआ और चूँकि बेटे को सिक्कों की आवश्यकता नहीं थी, इसलिए उसने उन्हें साहूकार के पास छोड़ दिया। जब बेटा पचास वर्ष का हो गया, और इस बीच पिता दूसरी दुनिया में चले गए, तो साहूकार ने बेटे को एक सौ सड़सठ चाँदी के सिक्के दिए।

"इस प्रकार पचास वर्षों में, निवेश ने ब्याज पर स्वयं को लगभग सत्रह गुना बढ़ा दिया।

"यह, तो, एक पतले बटुए के लिए तीसरा उपाय है : हर सिक्के को इस तरह काम में लगाओ कि वह अपनी तरह और सिक्के पैदा करे और तुम्हारे लिए एक निरंतर आय का स्रोत बने, जो हमेशा तुम्हारे बटुए में आता रहे।"

चौथा उपचार

अपने खज़ाने को खोने से बचाओ

"दुर्भाग्य हमेशा उन लोगों को निशाना बनाता है जिनके पास धन होता है। एक आदमी को अपने बटुए में रखे सोने की रक्षा सावधानी से करनी चाहिए, नहीं तो वह खो सकता है। इसलिए, यह समझदारी है कि हमें पहले छोटे–छोटे पैसों को बचाना और सुरक्षा करना सीखना चाहिए, ताकि जब भगवान हमें ज्यादा धन दें, तो हम उसे अच्छे से संभाल सकें।" ऐसा अरकद ने अपनी कक्षा से चौथे दिन कहा।

"प्रत्येक सोने का मालिक ऐसे अवसरों से ललचाया जाता है, जहाँ ऐसा लगता है कि वह अपने सोने का निवेश करके बड़ी रकम कमा सकता है। अक्सर मित्र और रिश्तेदार भी ऐसे निवेश में शामिल होने के लिए उत्साहित होते हैं और उसे इसका अनुसरण करने के लिए प्रेरित करते हैं।

"निवेश का सबसे पहला और जरूरी सिद्धांत है, अपने पैसे की सुरक्षा करना। क्या यह सही है कि आप बड़ी कमाई के बारे में सोचें, जब आपका मूलधन खोने का संकट हो? मैं ऐसा नहीं कहता। जोखिम का मतलब है संभावित नुकसान। अपने पैसे को कहीं लगाने से पहले, यह ठीक से जाँच लें कि क्या आप इसे सुरक्षित तरीके से वापस पा सकते हैं। जल्दी–जल्दी पैसा कमाने की इच्छाओं में फंसकर गुमराह न हों।

"किसी को पैसा उधार देने से पहले, यह सुनिश्चित कर लो कि वह उसे चुकता करने में सक्षम है और उसका यह इतिहास अच्छा है। ताकि आप बिना जानें अपनी कठिनाई से कमाया हुआ धन उसे उपहार के रूप में न दे बैठो।

"किसी भी क्षेत्र में निवेश करने से पहले, उसके संभावित खतरों से परिचित हो जाओ।

"मेरा अपना पहला निवेश उस समय मेरे लिए एक त्रासदी था। मैंने एक साल की जमा–पूँजी अजमूर नामक एक ईंट बनाने वाले को

सौंप दी, जो दूर समुद्र पार यात्रा कर रहा था और टायर में मेरे लिए फोनीशियन के दुर्लभ रत्न खरीदने के लिए सहमत हुआ। हम उसके लौटने पर इन्हें बेच देंगे और लाभ को आपस में बाँट लेंगे। फोनीशियन बदमाश थे और उन्होंने उसे काँच के टुकड़े बेचे। मेरा खज़ाना खो गया। आज, मेरा प्रशिक्षण मुझे एक बार दिखाएगा कि एक ईंट बनाने वाले पर रत्न खरीदने के लिए विश्वास करना कितनी मूर्खता है।

''इसलिए, मैंने अपने अनुभव से जो कुछ भी सीखा है, वह तुम्हें बताता हूँ : अपनी समझ पर ज्यादा भरोसा मत करो जब तुम अपना पैसा किसी निवेश में लगा रहे हो। इससे पहले कि तुम कोई निवेश करो, उन लोगों से सलाह लो जो पैसे के मामलों में अनुभवी हों। यह सलाह मुफ्त मिलती है और यह उतनी ही मूल्यवान होती है जितना तुम निवेश करने का सोच रहे हो। सच कहूँ तो, इसका असली मूल्य यही है, क्योंकि यह तुम्हें नुकसान से बचा सकती है।

"यह है एक दुबले बटुए के लिए चौथा उपाय, जो बहुत जरूरी है ताकि जब आपका बटुआ भर जाए, तब वह खाली न हो जाए। अपने धन की रक्षा करो। *सिर्फ उन्हीं जगहों पर निवेश करो जहाँ आपका मूलधन सुरक्षित रहे, जहाँ आप अपना पैसा वापस ले सको, और जहाँ आप अच्छा मुनाफा प्राप्त कर सको। बुद्धिमान लोगों से सलाह लो। उन लोगों से सलाह लो जो पैसे के बारे में समझ रखते हैं। उनकी सलाह आपके धन की रक्षा करेगी और आपको गलत निवेश से बचाएगी।"*

पाँचवाँ उपचार

अपने घर को लाभदायक निवेश बनाएँ

''अगर कोई व्यक्ति अपनी कमाई के नौ हिस्से अलग रखता है जिस पर वह जीवन व्यतीत करता है और जीवन का आनंद लेता है, और अगर इन नौ हिस्सों में से कोई भी हिस्सा वह अपने कल्याण को

नुकसान पहुँचाए बिना लाभदायक निवेश में बदल सकता है, तो उसके खज़ाने में बहुत तेज़ी से वृद्धि होगी।'' ऐसा अरकद ने अपने पाँचवें पाठ में अपनी कक्षा से कहा।

"हमारे बेबीलोन के बहुत से लोग अपने परिवारों को सही जगहों पर नहीं रखते। वे सख्त मकान मालिकों को ज्यादा किराया देते हैं और ऐसे कमरों में रहते हैं, जहाँ उनकी पत्नियों के पास फूल लगाने की जगह नहीं होती, जो उनके दिल को खुशी प्रदान कर सकें, और उनके बच्चों के पास खेलने के लिए कोई जगह नहीं होती, सिर्फ गंदी गलियाँ ही होती हैं।

''कोई भी परिवार तब तक पूरी तरह से जीवन का आनंद नहीं ले सकता जब तक उनके पास एक छोटी सी जमीन न हो, जहाँ बच्चे साफ जगह पर खेल सकें और पत्नी न सिर्फ फूलों को, बल्कि पौष्टिक हरी सब्जियाँ भी उगा सके, जो उसके परिवार की सेहत के लिए फायदेमंद हों।''

''अपने पेड़ों के अंजीर और अपनी बेलों से अंगूर खाना आदमी के दिल को खुशी प्रदान करता है। जब आदमी अपने घर का स्वयं मालिक होता है और वह अपने घर का ध्यान रखने में गर्व महसूस करता है, तो यह उसे आत्मविश्वास प्रदान करता है और उसकी मेहनत को और भी बढ़ावा देता है। इसलिए, मैं सलाह देता हूँ कि हर आदमी का अपना स्वयं का घर होना चाहिए।

''और यह किसी भी अच्छे इरादे वाले आदमी के लिए असंभव नहीं है कि वह अपने घर का स्वयं मालिक बने। क्या हमारे महान राजा ने बेबीलोन की दीवारों को इतना विस्तृत नहीं किया, जिसके अंदर बहुत सारी भूमि बची हुई है, जिसे बहुत कम कीमत पर खरीदा जा सकता है?

''मैं तुमसे यह भी कहता हूँ, मेरे विद्यार्थियों, कि पैसे उधार देने वाले साहूकार उन लोगों की सहायता करते हैं जो अपने परिवार के लिए घर और जमीन चाहते हैं। अगर आप स्वयं भी इस काम के लिए कुछ पैसे जमा कर चुके हो, तो आप उधार ले सकते हो और

मिस्त्री और निर्माणकर्ता को उनका भुगतान कर सकते हो ताकि आप अपना घर बना सको।

"फिर जब घर बन जाए, तो तुम उसी तरीके से पैसे उधार देने वाले को भुगतान कर सकते हो जैसे तुम मकान मालिक को देते थे। हर बार भुगतान करने से तुम्हारा कर्ज कम होगा, और कुछ सालों में वह पूरा कर्ज चुकता हो जाएगा।

"तब तुम्हारा दिल खुश हो जाएगा क्योंकि तुम अपने अधिकार में एक मूल्यवान संपत्ति के मालिक होगे और तुम्हारा एकमात्र खर्च राजा के कर होंगे।

"क्या तुम्हारी पत्नी भी अक्सर नदी पर जाएगी ताकि तुम्हारे कपड़े धोकर लौटते समय वह बकरियों की एक खाल में पानी भरकर लाए और उसे उग रही फसलों या पौधों पर डाले?

"जो आदमी अपने घर का स्वयं मालिक बनता है, उसे बहुत सी खुशियाँ मिलती हैं। ऐसा करने से उसका खर्च कम हो जाता है, और वह अपनी कमाई का ज्यादा से ज्यादा हिस्सा अपनी इच्छाओं को पूरा करने में लगा सकता है। इस तरह, अगर आप चाहते हो कि आपका बटुआ भरा रहे और आपके पास पैसे ज्यादा हों, *अपने स्वयं के घर के मालिक बनो।*

छठा उपचार

भविष्य की आय सुनिश्चित करें

"हर व्यक्ति का जीवन उसके बचपन से लेकर बुढ़ापे तक की यात्रा है। यही जीवन का स्वाभाविक मार्ग है, और कोई भी व्यक्ति इससे विचलित नहीं हो सकता, जब तक कि देवताओं द्वारा उसे समय से पहले इस संसार से नहीं बुलाया जाता। इसलिए, मैं यह कहता हूँ कि प्रत्येक व्यक्ति को अपने बुढ़ापे के लिए एक उचित आय का प्रबंध करना चाहिए, जब वह युवा नहीं रहेगा, और अपने परिवार के लिए भी

सोच–विचार कर प्रबंध करना चाहिए, ताकि यदि वह उनके साथ न हो, तो भी वह उन्हें सुरक्षा और सहायता प्रदान कर सके। यह शिक्षा आपको सिखाएगी कि समय के साथ, जब आप सीखने में असक्षम हो जाओगे, तब भी कैसे एक भरा हुआ बटुआ तैयार किया जा सकता है।'' ऐसा अरकद ने अपनी कक्षा से छठे दिन कहा।

''जो आदमी धन के नियमों को समझकर अपनी बचत को बढ़ाता है, उसे भविष्य के बारे में सोचना चाहिए। उसे ऐसे निवेश या उपायों की योजना बनानी चाहिए जो कई सालों तक सुरक्षित रहे और जब वह समय आए, जिसे उसने पहले से सोचा है, तब उन पैसों का उपयोग किया जा सके।

''एक आदमी अपने भविष्य के लिए सुरक्षित तैयारी करने के कई तरीके अपना सकता है। वह एक गुप्त स्थान बना सकता है और वहाँ अपना खजाना छिपा सकता है। हालांकि, चाहे जितनी भी सावधानी से उसे छिपाया जाए, वह फिर भी चोरों के हाथ लग सकता है। इसलिए, मैं इस तरीके की सिफारिश नहीं करता।

''एक आदमी इस उद्देश्य के लिए घर या जमीन खरीद सकता है। यदि इनका सही चुनाव किया जाए, जो भविष्य में उपयोगी और मूल्यवान हों, तो इनकी कीमत स्थिर रहती है और इनसे होने वाली आय या बिक्री उसके उद्देश्य के लिए अच्छी व्यवस्था कर सकती है।'

''एक आदमी थोड़ी राशि उधार देने वाले को दे सकता है और इसे नियमित अंतराल पर बढ़ा सकता है। इस पर मिलने वाला ब्याज उसकी पूँजी को काफी हद तक बढ़ा देता है। मुझे एक चप्पल बनाने वाला व्यक्ति, अन्सन, मिला, जिसने हाल ही में मुझे बताया कि उसने आठ साल तक हर सप्ताह अपने उधार देने वाले के पास दो चाँदी के सिक्के जमा किए। कुछ समय पहले ही उसे अपने जमा का हिसाब मिला, जिसे देखकर वह बहुत खुश हुआ। उसके छोटे–छोटे जमा और चार साल पर एक–चौथाई ब्याज दर के साथ, अब उसकी कुल जमा राशि एक हजार चालीस चाँदी के सिक्के बन गई है।

"मैंने उसे और प्रोत्साहित किया और अपनी गणना से उसे समझाया कि अगर वह अगले बारह वर्षों तक हर सप्ताह दो चाँदी के सिक्के जमा करता रहे, तो उधार देने वाला तब उसे चार हजार चाँदी के सिक्के देगा, जो उसके शेष जीवन के लिए पर्याप्त धन होगा।

"निश्चित रूप से, जब इतनी छोटी राशि को नियमित रूप से देने से इतने लाभकारी परिणाम प्राप्त होते हैं, तो कोई भी व्यक्ति अपने बुढ़ापे और परिवार की सुरक्षा के लिए खजाना जुटाने का संकट नहीं उठा सकता, चाहे उसका व्यापार और निवेश कितने भी सफल क्यों न हों।

"मैं चाहता हूँ कि मैं इसके बारे में और भी कह सकूँ। मेरे मन में यह विश्वास है कि किसी दिन समझदार लोग एक ऐसी योजना बनाएंगे जिससे मृत्यु का बीमा हो सके, जहाँ कई लोग एक छोटी राशि नियमित रूप से जमा करेंगे और यह राशि मिलकर उस प्रत्येक व्यक्ति के परिवार के लिए एक अच्छी धनराशि बनेगी, जो इस दुनिया से चला जाएगा। मैं इसे एक लाभकारी योजना के रूप में देखता हूँ, जिसकी मैं पूरी तरह से सिफारिश कर सकता हूँ।

"लेकिन आज यह संभव नहीं है, क्योंकि इस योजना को किसी एक व्यक्ति या साझेदारी के जीवन से परे काम करने की आवश्यकता है। इसे उतना ही स्थिर और मजबूत होना चाहिए, जैसे राजा का सिंहासन। मुझे ऐसा लगता है कि भविष्य में ऐसी योजना आएगी, जो बहुत सारे लोगों के लिए एक बड़ा लाभ साबित होगी, क्योंकि शुरुआत में की गई छोटी–छोटी किस्तें भी, यदि कोई व्यक्ति दुनिया से चला जाता है, तो उसके परिवार के लिए एक अच्छी संपत्ति उपलब्ध करा सकेंगी।

"लेकिन क्योंकि हम आज के समय में जी रहे हैं, हमें आज के साधनों और तरीकों का उपयोग करके अपने उद्देश्य पूरे करने चाहिए। इसलिए मैं सभी लोगों से कहता हूँ कि वे समझदारी से और अच्छे तरीके से अपने बुढ़ापे के लिए पैसे बचाने की व्यवस्था करें। क्योंकि जब एक आदमी कमा नहीं सकता या एक परिवार जिसका

मुखिया नहीं है, उसके पास पैसे नहीं होते, तो यह बहुत दुःख की बात होती है।

"तो, यह दुबले बटुए के लिए छठा उपचार है। अपनी बढ़ती उम्र की ज़रूरतों और अपने परिवार की सुरक्षा के लिए पहले से ही प्रबंध कर लो।"

सातवाँ उपचार

अपनी कमाने की क्षमता बढ़ाएँ

"आज मैं तुमसे, मेरे विद्यार्थियों, एक बहुत ही जरूरी उपाय के बारे में बात करूँगा, जो खाली बटुए को भरने में मदद करता है। लेकिन, मैं सोने के बारे में नहीं, बल्कि तुम सबके बारे में बात करूँगा, जो रंग–बिरंगे कपड़े पहने हुए मेरे सामने बैठे हों। मैं तुमसे उन चीजों के बारे में बात करूँगा, जो इंसान के मन और जीवन में होती हैं, और जो उनकी सफलता के लिए या उसके खिलाफ काम करती है। ये शब्द अरकद ने अपने विद्यार्थियों से सातवें दिन कहे थे।

''कुछ समय पहले एक युवक मेरे पास उधार लेने आया था। जब मैंने उससे उसकी आवश्यकता का कारण पूछा, तो उसने शिकायत की कि उसकी कमाई उसके खर्चों को पूरा करने के लिए अपर्याप्त है। इस पर मैंने उसे समझाया कि ऐसा होने पर वह साहूकार के लिए एक गरीब ग्राहक था, क्योंकि उसके पास ऋण चुकाने के लिए अतिरिक्त कमाई करने की क्षमता नहीं थी।

"मैंने उससे कहा, 'युवा साथी, तुम्हें जिस चीज की आवश्यकता है, वह है अधिक सिक्के कमाना। अपनी कमाई की क्षमता बढ़ाने के लिए आप क्या करेंगे?'

"'मैं बस इतना ही कर सकता हूँ,' उसने उत्तर दिया। 'दो महीनों के भीतर छह बार मैंने अपने मालिक से अपना वेतन बढ़ाने का अनुरोध किया, लेकिन सफलता नहीं मिली। कोई भी व्यक्ति इससे अधिक बार नहीं जा सकता।'

"हम उसकी सादगी पर हँस सकते हैं, फिर भी उसमें अपनी कमाई बढ़ाने के लिए एक अहम गुण था। उसके भीतर अधिक कमाने की एक मजबूत इच्छा थी, जो कि एक सही और सराहनीय इच्छा थी।

"*सफलता से पहले आपमें इच्छा होनी चाहिए। आपकी इच्छाएँ मजबूत और स्पष्ट होनी चाहिए।* सामान्य इच्छाएँ केवल कमजोर अभिलाषाएँ होती हैं। अगर कोई व्यक्ति अमीर बनने की इच्छा करता है, तो वह कोई खास उद्देश्य नहीं है। लेकिन अगर कोई व्यक्ति पाँच सोने के सिक्के पाने की इच्छा करता है, तो यह एक ठोस इच्छा है, जिसे वह पूरा करने की कोशिश कर सकता है। जब उसने पाँच सोने के सिक्कों की इच्छा को पूरा करने के लिए पूरी शक्ति से काम किया, तो वह इसी तरह दस सिक्के, फिर बीस सिक्के और बाद में हजार सिक्के भी पा सकता है। और देखो, वह अमीर बन चुका है। अपनी एक छोटी और निश्चित इच्छा को पूरा करने को सीखने में उसने स्वयं को एक बड़ी इच्छा पूरी करने के लिए तैयार कर लिया। यह वह प्रक्रिया है जिसके द्वारा धन एकत्रित होता है : पहले छोटे पैमाने पर, फिर बड़े पैमाने पर, जैसे–जैसे आदमी सीखता है और अधिक सक्षम बनता है।

"इच्छाएँ सरल और स्पष्ट होनी चाहिए। यदि वे बहुत सारी, उलझी हुई या किसी आदमी की क्षमता से बाहर हों, तो वे अपने ही उद्देश्य को परास्त कर देती हैं।

"जब एक आदमी अपने काम में माहिर होता है, तो उसकी कमाई भी बढ़ती है। उन दिनों जब मैं एक साधारण लेखक था और हर दिन कुछ सिक्कों के लिए मिट्टी पर लिखाई करता था, मैंने देखा कि दूसरे लोग मुझसे अधिक काम करते थे और उन्हें ज्यादा पैसे मिलते थे। फिर मैंने ठान लिया कि मैं किसी से भी कम नहीं रहूँगा। जल्द ही मुझे समझ में आ गया कि उनकी सफलता का कारण क्या था। उन्होंने अपने काम में अधिक रुचि दिखाई, ज्यादा ध्यान दिया और लगातार मेहनत की। फिर देखो, अब कोई भी मुझसे ज्यादा काम नहीं कर पा रहा था। कुछ ही समय में, मेरी मेहनत को पुरस्कृत

किया गया, और मुझे अपने मालिक से कई बार अनुरोध करने की आवश्यकता नहीं पड़ी।

"हम जितनी ज्यादा समझ और ज्ञान रखते हैं, उतना ही अधिक कमा सकते हैं। जो व्यक्ति अपने काम में और अधिक सीखता है, उसे अच्छे इनाम मिलते हैं। अगर वह कारीगर है, तो वह अपने काम में सबसे अच्छे लोगों के तरीके और उपकरण सीख सकता है। अगर वह वकील या डॉक्टर है, तो वह अपने जैसे दूसरे लोगों से सलाह ले सकता है और ज्ञान साझा कर सकता है। अगर वह व्यापारी है, तो वह हमेशा बेहतर माल तलाश सकता है, जिसे सस्ते दामों में खरीदा जा सके।

"मनुष्यों के काम हमेशा बदलते और बेहतर होते रहते हैं क्योंकि समझदार लोग अपने कौशल को और बढ़ाते हैं, ताकि वे उन लोगों की और बेहतर सेवा कर सकें, जिनकी सहायता पर वे निर्भर होते हैं। इसलिए, मैं सभी लोगों से कहता हूँ कि वे प्रगति की अगली पंक्ति में रहें और न रुकें, नहीं तो वे पीछे रह जाएंगे।

"कई चीज़ें एक आदमी के जीवन को लाभदायक अनुभवों से समृद्ध बनाती हैं। अगर वह खुद का सम्मान करता है, तो उसे निम्नलिखित चीज़ें करनी चाहिए :

"उसे अपनी क्षमता के अनुसार अपने ऋणों का भुगतान करना चाहिए, न कि वह खरीदना चाहिए जिसके लिए वह असमर्थ है।

"उसे अपने परिवार का ख्याल रखना चाहिए ताकि वे उसके बारे में अच्छा सोचें और बोलें।

"उसे रिकॉर्ड में वसीयत बनानी चाहिए ताकि अगर भगवान उसे बुलाएँ, तो उसकी संपत्ति का उचित और सम्मानजनक बँटवारा हो सके।

"उसे उन लोगों पर दया करनी चाहिए जो दुर्भाग्य से घायल और पीड़ित हैं और उचित सीमा के भीतर उनकी सहायता करनी चाहिए। उसे अपने प्रियजनों के लिए विचारशील कार्य करने चाहिए।

"इस प्रकार एक दुबले बटुए के लिए सातवाँ और अंतिम उपाय है *अपनी शक्तियों का विकास करना, अध्ययन करना और समझदार*

बनना, अधिक कुशल बनना, इस तरह से कार्य करना कि खुद का सम्मान हो। इस प्रकार तुम आत्मविश्वास प्राप्त करोगे और अपनी सावधानीपूर्वक सोची हुई इच्छाओं को प्राप्त कर सकोगे।

"ये सात उपाय हैं जो एक खाली बटुए के लिए हैं, जिन्हें मैं एक लंबे और सफल जीवन के अनुभव से उन सभी लोगों के लिए सुझाता हूँ जो धन की इच्छा रखते हैं।

"मेरे विद्यार्थियों, बेबीलोन में उससे कहीं अधिक सोना है, जितना तुम सोच भी नहीं सकते। वहाँ सभी के लिए बहुतायत है।

"तुम आगे बढ़ो और इन सत्यों का अभ्यास करो ताकि तुम समृद्ध हो सको और धनवान बन सको, जैसा कि तुम्हारा अधिकार है।

"तुम आगे बढ़ो और इन सत्यों को सिखाओ ताकि महामहिम के हर सम्माननीय व्यक्ति भी हमारे प्यारे शहर की प्रचुर संपत्ति में उदारतापूर्वक भाग ले सकें।"

सौभाग्य की देवी से मिलिए

अगर कोई व्यक्ति भाग्यशाली है, तो उसकी किस्मत का कोई अनुमान नहीं लगा सकता। उसे फरात नदी में फेंक दो और वह अपने हाथ में मोती लेकर तैरकर बाहर आ जाएगा।

—बेबीलोनियन कहावत

भाग्यशाली होने की इच्छा सार्वभौमिक है। यह चार हज़ार सालों पहले प्राचीन बेबीलोन में पुरुषों के हृदय में उतनी ही प्रबल थी जितनी आज पुरुषों के दिलों में है। हम सभी सौभाग्य की चंचल देवी की कृपा पाने की आशा करते हैं।

क्या कोई ऐसा तरीका है जिससे हम उनसे मिल सकें और न केवल उनका अनुकूल ध्यान, बल्कि उनका उदार अनुग्रह प्राप्त कर सकें? क्या सौभाग्य को आकर्षित करने का कोई तरीका है?

यही वह चीज है जिसे प्राचीन बेबीलोन के लोग जानना चाहते थे। यही वह चीज है जिसे उन्होंने जानने का फैसला किया। वे चतुर पुरुष और प्रखर विचारक थे। यही कारण है कि उनका शहर अपने समय का सबसे अमीर और सबसे शक्तिशाली शहर बन गया।

उस सुदूर अतीत में, उनके पास कोई स्कूल या कॉलेज नहीं था। फिर भी, उनके पास शिक्षा का एक केंद्र था और यह बहुत ही व्यावहारिक था। बेबीलोन की ऊँची इमारतों में से एक ऐसी थी जो राजा के

महल, झूलते बगीचों और देवताओं के मंदिरों के साथ महत्वपूर्ण स्थान रखती थी। आपको इतिहास की किताबों में इसका बहुत कम उल्लेख मिलेगा, संभवतः इसका कोई उल्लेख ही नहीं है, फिर भी इसने उस समय के विचारों पर एक शक्तिशाली प्रभाव डाला।

यह इमारत शिक्षा का मंदिर थी जहाँ स्वैच्छिक शिक्षकों द्वारा अतीत के ज्ञान की व्याख्या की जाती थी और जहाँ खुले मंचों पर लोकप्रिय रुचि के विषयों पर चर्चा की जाती थी। इसकी दीवारों के भीतर सभी लोग समान रूप से मिलते थे। सबसे विनम्र दास भी राजघराने के राजकुमार की राय पर बिना किसी दंड के विवाद कर सकते थे।

ज्ञान के मंदिर में आने–जाने वालों में एक समझदार और अमीर आदमी था जिसका नाम अरकद था, जिसे बेबीलोन का सबसे अमीर आदमी कहा जाता था। उसका अपना एक विशेष हॉल था, जहाँ लगभग हर शाम एक बड़ी संख्या में लोग, कुछ बूढ़े, कुछ बहुत जवान, लेकिन अधिकतर मध्यम आयु वर्ग के, इकट्ठा होते थे ताकि वे दिलचस्प विषयों पर चर्चा और बहस कर सकें। चलिए, हम भी सुनते हैं कि क्या वे अच्छे भाग्य को आकर्षित करने का तरीका जानते थे।

सूरज अभी–अभी ढल चुका था, जैसे एक बड़ा लाल आग का गोला जो रेगिस्तान की धूल में से चमक रहा हो, जब अरकद अपनी आदत के मुताबिक अपने मंच पर आया। पहले ही चालीस लोग उसके आगमन का इंतजार कर रहे थे, जो अपनी छोटी–छोटी चटाइयों पर जमीन पर लेटे हुए थे। और भी लोग आ रहे थे।

"आज रात हम क्या चर्चा करेंगे?" अरकद ने पूछा।

थोड़ी सी झिझक के बाद, एक लंबा कपड़ा बुनने वाला आदमी खड़ा हुआ, जैसा कि रिवाज था। "मेरे पास एक विषय है, जिसे मैं सुनना चाहूँगा, लेकिन मैं इसे प्रस्तुत करने में संकोच कर रहा हूँ, कि कहीं यह आपको, अरकद, और यहाँ मेरे अच्छे दोस्तों को हास्यास्पद न लगे।"

उसे प्रस्तुत करने के लिए उकसाए जाने पर, दोनों अरकद और अन्य लोगों के कहने पर, वह बोला : "आज मैं भाग्यशाली रहा,

क्योंकि मैंने एक बटुआ पाया है जिसमें सोने के सिक्के हैं। आगे भी भाग्यशाली बना रहना मेरी बड़ी इच्छा है। यह सोचते हुए कि सभी लोग मेरे जैसे ही भाग्य की कामना करते हैं, मैं यह प्रस्ताव रखता हूँ कि हम यह चर्चा करें कि अच्छे भाग्य को कैसे आकर्षित किया जा सकता है, ताकि हम जान सकें कि इसे कैसे प्राप्त किया जा सकता है।''

''यह एक बहुत ही रोचक विषय है,'' अरकद ने कहा, ''जो हमारी चर्चा के लायक है। कुछ लोगों के लिए, अच्छा भाग्य बस एक संयोग मात्र होता है, जो बिना किसी उद्देश्य या कारण के किसी पर आ जाता है, जैसे कोई दुर्घटना। अन्य लोग मानते हैं कि सभी अच्छे भाग्य की प्रेरक हमारी उदार देवी, अश्तार हैं, जो हमेशा उन लोगों को उदार उपहार देने के लिए तैयार रहती हैं जो उन्हें खुश करते हैं। तो, बोलिए मेरे दोस्तों, आप क्या कहते हैं? क्या हम यह जानने की कोशिश करें कि क्या कोई ऐसा तरीका है जिससे हम अच्छे भाग्य को अपनी ओर आकर्षित कर सकें?''

''हाँ! हाँ! और बहुत कुछ!'' उत्सुक श्रोताओं का बढ़ता हुआ समूह एक साथ बोला।

इसके बाद अरकद ने कहा, ''अपनी चर्चा शुरू करने के लिए, आइए हम सबसे पहले उन लोगों से सुनें जिन्होंने कपड़ा बुनकर की तरह ही बिना किसी प्रयास के, मूल्यवान खज़ाने या रत्नों को खोजने या प्राप्त करने के अनुभवों का आनंद लिया है।''

एक विराम के बाद सभी ने किसी के उत्तर की प्रतीक्षा में इधर–उधर देखा, लेकिन किसी ने उत्तर नहीं दिया।

''क्या, कोई भी नहीं?" अरकद ने कहा, ''तो फिर यह अच्छा भाग्य सच में बहुत ही दुर्लभ होना चाहिए। अब कौन है जो यह बताएगा कि हम अपनी खोज कहाँ से शुरू करें?''

"इसे मैं करूँगा," एक अच्छे कपड़े पहने युवक ने उठते हुए कहा। "जब कोई व्यक्ति भाग्य की बात करता है, तो क्या यह स्वाभाविक नहीं है कि उसके विचार जुए की मेजों की ओर मुड़े हों? क्या वहाँ

हम कई लोगों को देवी की कृपा प्राप्त करने की उम्मीद में नहीं पाते हैं कि वे उन्हें भरपूर जीत का आशीर्वाद देंगी?"

जब वह अपनी जगह पर वापस बैठा, तब एक आवाज आई, ''रुको मत! अपनी कहानी जारी रखो! हमें बताओ, क्या तुम्हें जुए की मेज पर देवी की कृपा मिली? क्या उन्होंने लाल पक्ष वाला पासा घुमाया ताकि तुम अपना बटुआ भर सको और विक्रेता का नुकसान हो, या फिर उन्होंने नीले पक्ष को ऊपर किया ताकि विक्रेता तुम्हारे कठिनाई से कमाए हुए चाँदी के सिक्के ले जाए?''

युवक ने भी अच्छे स्वभाव वाली हँसी मजाक में सम्मिलित होकर जवाब दिया, "मुझे यह स्वीकार करने में कोई आपत्ति नहीं है कि उन्हें पता ही नहीं था कि मैं वहाँ था। लेकिन आप में से अन्य लोगों के बारे में क्या?

''क्या आपने उसे ऐसे स्थानों पर इंतजार करते पाया है, जहाँ वह पासे फेंके गए, आपकी किस्मत के अनुसार? हम सुनने और सीखने के लिए उत्सुक हैं।''

''यह एक समझदारी भरी शुरुआत है,'' अरकद ने कहा। ''हम यहाँ हर सवाल के सभी पहलुओं पर विचार करने के लिए मिलते हैं। जुए की मेज को नजरअंदाज करना, एक सामान्य इंसान की प्रवृत्ति को नजरअंदाज करना होगा, जो थोड़े से चाँदी के सिक्कों के साथ मौका लेने का शौक रखते हैं, यह उम्मीद करते हुए कि वे अधिक सोना जीतेंगे।''

''यह मुझे कल की रेस की याद दिलाता है,'' एक और श्रोता ने कहा। ''अगर देवी जुए की मेज पर आती हैं, तो निश्चित रूप से वह उन रेसों को नजरअंदाज नहीं करतीं जहाँ सुनहरे रथ और झाग उड़ाते घोड़े कहीं अधिक रोमांच प्रदान करते हैं। हमें सच–सच बताओ, अरकद, क्या उसने तुम्हें कल नीनवे के उन स्याह घोड़ों पर शर्त लगाने के लिए कहा था? मैं तुम्हारे ठीक पीछे खड़ा था और जब मैंने तुम्हें उन घोड़ों पर शर्त लगाते सुना तो मुझे विश्वास ही नहीं हुआ। तुम जानते हो जैसे हम सब जानते हैं कि असीरिया में

कोई भी समूह हमारे प्रिय स्याह घोड़े को एक ईमानदार दौड़ में नहीं परास्त कर सकता।

''क्या देवी ने तुम्हारे कान में यह फुसफुसाया था कि तुम स्याह घोड़ों पर शर्त लगाओ, क्योंकि आखिरी मोड़ पर काले घोड़े का फिसलना हमारे बे घोड़ों को रोक देगा और इस तरह स्याह घोड़े रेस जीत जाएंगे और अनायास विजय प्राप्त करेंगे?''

अरकद ने हँसी के साथ मुस्कराते हुए कहा, ''हमारे पास ऐसा क्या कारण है कि हम यह सोचें कि देवी किसी के घोड़े की दौड़ पर लगाए गए दाँव में रुचि रखेंगी? मेरे लिए, वह प्रेम और गरिमा की देवी हैं, जिनका उद्देश्य उन लोगों की मदद करना है जो जरूरतमंद हैं और उन लोगों को इनाम देना है जो इसके योग्य हैं। मैं उन्हें ढूँढता हूँ, न कि जुए की मेजों या दौड़ों में, जहाँ लोग सोने के मुकाबले ज्यादा खोते हैं, बल्कि मैं उन्हें उन जगहों पर ढूँढता हूँ जहाँ मनुष्यों के कार्य अधिक महत्व रखते हैं और जो इनाम के योग्य होते हैं।

''भूमि की जुताई में, ईमानदार व्यापार में, और मनुष्य के सभी कामों में, अपने प्रयासों और लेन–देन पर लाभ कमाने का अवसर होता है। शायद हमेशा उसे इनाम नहीं मिलेगा क्योंकि कभी–कभी उसकी सोच गलत हो सकती है और कभी–कभी मौसम और हवा उसके प्रयासों को विफल कर सकते हैं। फिर भी, अगर वह निरंतर प्रयास करता रहे, तो सामान्यतः वह लाभ कमा सकता है। ऐसा इसलिए होता है क्योंकि लाभ के अवसर हमेशा उसके पक्ष में होते हैं।

"लेकिन, जब कोई व्यक्ति खेल खेलता है, तो स्थिति उलट जाती है क्योंकि लाभ की संभावना हमेशा उसके विरूद्ध होती है और हमेशा खेल रक्षक के पक्ष में होती है। खेल इस तरह से व्यवस्थित होता है कि यह हमेशा रक्षक के पक्ष में होगा। यह उसका व्यवसाय है जिसमें वह खिलाड़ियों द्वारा दाँव पर लगाए गए सिक्कों से अपने लिए उदार लाभ कमाने की योजना बनाता है। बहुत कम खिलाड़ी यह महसूस करते हैं कि खेल रक्षक का लाभ कितना निश्चित है और उनके जीतने की संभावना कितनी अनिश्चित है।

''उदाहरण के लिए, हम पासे पर लगाए गए दाँव के बारे में सोचें। हर बार जब पासा फेंका जाता है, तो हम शर्त लगाते हैं कि कौन सा हिस्सा ऊपर आएगा। अगर लाल हिस्सा ऊपर आता है, तो खेल के मालिक हमें हमारे दाँव का चार गुना देते हैं। लेकिन अगर पासे के बाकी पाँच हिस्सों में से कोई एक ऊपर आता है, तो हम अपना दाँव हार जाते हैं। इसी तरह, हर बार पासा फेंकने पर हमारे पास हारने के पाँच अवसर होते हैं, लेकिन लाल हिस्से की जीत चार गुना देती है, इसलिए हमारे पास चार अवसर जीतने के होते हैं। एक रात में, खेल का मालिक उम्मीद कर सकता है कि वह सभी दाँवों का एक–हिस्सा अपने लाभ के रूप में रखेगा। क्या कोई आदमी ऐसे दाँव पर, जहाँ उसे हर बार एक–हिस्सा हारने का खतरा होता है, बार–बार जीत सकता है?''

"फिर भी कुछ लोग कभी–कभी बड़ी रकम जीतते हैं," श्रोताओं में से एक ने स्वेच्छा से कहा।

''बिलकुल, ऐसा ही है,'' अरकद ने कहा। ''यह समझते हुए, मेरे मन में यह प्रश्न आता है कि क्या इस तरह से कमाया गया पैसा उन लोगों के लिए स्थायी लाभ लाता है जो इस तरह से भाग्यशाली होते हैं। बेबीलोन में मेरे कई जानकारों में से बहुत से सफल लोग हैं, लेकिन उनमें से कोई भी ऐसा नहीं है, जिसने अपनी सफलता ऐसे तरीके से प्रारंभ की हो।

''आप सभी जो आज रात यहाँ एकत्रित हुए हैं, हमारे शहर के कई बड़े नागरिकों को जानते हैं। मुझे यह जानने में बहुत रुचि होगी कि हमारे सफल नागरिकों में से कितने लोग अपनी सफलता की शुरुआत जुए की मेज से करते हैं। क्या आप में से कोई इस बारे में हमें बताएगा? आप क्या कहते हैं?''

बहुत देर तक चुप रहने के बाद, एक मज़ाकिया व्यक्ति ने कहा, "क्या आपकी जाँच में खेल रक्षक भी शामिल होंगे?" "अगर आपको कोई और याद नहीं है,'' अरकद ने जवाब दिया।

''अगर आपमें से कोई भी किसी और के बारे में नहीं सोच सकता है, तो आप स्वयं के बारे में क्या सोचते हैं? क्या हमारे बीच कोई

लगातार विजेता है जो अपनी आय के लिए ऐसे स्रोत की सलाह देने में संकोच करता है?''

उसकी चुनौती का जवाब पीछे से कई आहों के रूप में आया, जो फिर हँसी में बदल गया।

''ऐसा लगता है कि हम सौभाग्य की तलाश उन जगहों पर नहीं कर रहे हैं जहाँ देवी अक्सर आती हैं,'' उन्होंने कहा। ''इसलिए हमें दूसरे रास्तों पर विचार करना चाहिए। हमें खोए हुए बटुओं में यह नहीं मिला। न ही यह जुए की मेजों पर मिला। जहाँ तक दौड़ की बात है, मुझे यह स्वीकार करना होगा कि मैंने जितने सिक्के जीते हैं, उससे कहीं अधिक सिक्के वहाँ गँवा दिए हैं।

''अब, मान लीजिए हम अपने व्यापार और कामकाजी गतिविधियों के बारे में सोचें। क्या यह स्वाभाविक नहीं है कि यदि हम कोई लाभकारी लेन–देन करते हैं, तो हम इसे अच्छा भाग्य नहीं बल्कि हमारे प्रयासों का उचित प्रतिफल मानते हैं? मुझे लगता है कि हम देवी के उपहारों को नजरअंदाज कर रहे हैं। शायद वह वास्तव में हमारी मदद करती हैं जब हम उनकी उदारता को नहीं समझते। कौन और इस पर चर्चा करना चाहता है?''

तभी एक बुजुर्ग व्यापारी उठे और अपनी सफेद चादर को ठीक करते हुए बोले, ''आपकी अनुमति से, माननीय अरकद और मेरे दोस्तों, मैं एक सुझाव देना चाहता हूँ। अगर, जैसा आपने कहा, हम अपनी मेहनत और क्षमता से व्यापार में सफलता प्राप्त करते हैं, तो क्यों न उन अवसरों को भी सोचें जिन्हें हमने लगभग पाया था लेकिन वे हमें नहीं मिले? वे प्रसंग हमारे लिए बहुत लाभकारी हो सकते थे, अगर वे पूरी होतीं। अगर वे पूरी हो जातीं, तो वे अच्छे भाग्य के दुर्लभ उदाहरण होते। क्योंकि वे पूरी नहीं हो पाईं, हम उन्हें अपना सही पुरस्कार नहीं मान सकते। यकीनन, यहाँ कई लोग ऐसे अनुभवों को बता सकते हैं।''

''यह एक बुद्धिमानी भरा तरीका है,'' अरकद ने स्वीकृति दी। ''आप में से ऐसा कौन है, जिसके पास सौभाग्य था और जो उसके हाथ से निकल गया?''

कई हाथ उठे, उनमें से एक व्यापारी का था। अरकद ने उन्हें बोलने के लिए इशारा किया। ''जैसा आपने यह तरीका सुझाया, हम पहले आपसे सुनना चाहेंगे।''

''मैं खुशी से एक कहानी सुनाऊँगा,'' उन्होंने फिर से शुरू किया, ''जो यह दिखाती है कि अच्छा भाग्य एक आदमी के कितनी करीब आ सकता है और कैसे वह उसे अनजाने में खो देता है, जिसके बाद में उसे भारी नुकसान और अफसोस होता है।

"कई सालों पहले, जब मैं एक युवा था, बस शादी हुई थी और अच्छी कमाई करने लगा था, मेरे पिता एक दिन मेरे पास आए और बहुत ज़ोर देकर कहा कि मैं निवेश करूँ। उनके एक अच्छे दोस्त के बेटे ने हमारे शहर की बाहरी दीवारों से थोड़ी दूर पर एक बंजर ज़मीन देखी थी। यह नहर के ऊपर बहुत ऊँची जगह पर थी जहाँ पानी नहीं पहुँच सकता था।

"मेरे पिता के दोस्त के बेटे ने इस ज़मीन को खरीदने के लिए, तीन बड़े पानी के पहिये बनाने की योजना बनाई, जिन्हें बैलों द्वारा चलाया जा सके और इस तरह उपजाऊ मिट्टी में जीवन देने वाले पानी को ऊपर उठाया जा सके। यह पूरा होने के बाद, उन्होंने इसे छोटे–छोटे हिस्सों में बाँटने और शहर के निवासियों को जड़ी–बूटियों के लिए बेचने की योजना बनाई।

"मेरे पिता के दोस्त के बेटे के पास ऐसा काम पूरा करने के लिए पर्याप्त सोना नहीं था। मेरी तरह ही वह भी एक युवा व्यक्ति था, जो अच्छी खासी कमाई करता था। मेरे जैसे ही उसके पिता भी एक बड़े परिवार और कम आय वाले व्यक्ति थे। इसलिए, उसने अपने साथ उद्यम में शामिल होने के लिए पुरुषों के एक समूह को आकर्षित करने का फैसला किया। समूह में बारह लोग शामिल होने थे, जिनमें से प्रत्येक को एक धन कमाने वाला होना चाहिए और अपनी कमाई का दसवाँ हिस्सा उद्यम में लगाना चाहिए जब तक कि जमीन बिक्री के लिए तैयार न हो जाए। तब सभी को अपने निवेश के अनुपात में लाभ में न्यायोचित हिस्सा मिलेगा।

"'मेरे बेटे,' मेरे पिता ने मुझसे कहा। 'तुम अभी अपनी युवावस्था में हो। मेरी गहरी इच्छा है कि तुम मेरे लिए एक मूल्यवान संपत्ति का निर्माण शुरू करो ताकि तुम लोगों के बीच सम्मानित हो सको। मैं चाहता हूँ कि तुम अपने पिता की विचारहीन गलतियों के ज्ञान से लाभ उठाओ।'"

'यही मेरी सबसे प्रबल इच्छा है, पिताजी,' मैंने उत्तर दिया।

"'तो, मैं यही सलाह देता हूँ। वही करो जो मुझे तुम्हारी उम्र में करना चाहिए था। अपनी कमाई में से दसवाँ हिस्सा अनुकूल निवेश में लगाने के लिए बचाकर रखो। अपनी कमाई के इस दसवें हिस्से से और जो कुछ भी इससे मिलेगा, उससे तुम मेरी उम्र होने से पहले अपने लिए एक मूल्यवान संपत्ति जमा कर सकते हो।

'''पिताजी, आपके शब्द सच में बुद्धिमानी से भरे हुए हैं। मुझे भी बहुत धन की चाह है। लेकिन मेरी कमाई के बहुत सारे इस्तेमाल हैं। इसलिए, मैं वह नहीं कर पा रहा जैसा आपने मुझे सलाह दी है। मैं अभी जवान हूँ और मेरे पास समय है।'

"'हम एक अलग युग में रहते हैं, पिताजी। मैं आपकी गलतियों से बचूँगा।'

"'मेरे बेटे, अवसर तुम्हारे सामने खड़ा है। यह एक ऐसा अवसर प्रदान कर रहा है जो धन की ओर ले जा सकता है। मैं तुमसे विनती करता हूँ, देरी मत करो। कल मेरे दोस्त के बेटे के पास जाओ और उससे अपनी कमाई का दस प्रतिशत इस निवेश में लगाने का सौदा करो। कल जल्दी जाओ। अवसर किसी का इंतज़ार नहीं करता। आज यह यहाँ है, जल्दी ही चला जाएगा। इसलिए, देरी मत करो!'

"मेरे पिता की सलाह के बावजूद, मैंने संकोच किया। वहाँ पूरब से व्यापारियों द्वारा लाए गए सुंदर नए वस्त्र थे, इतने समृद्ध और सुंदर वस्त्र कि मेरी अच्छी पत्नी और मुझे लगा कि हम में से प्रत्येक के पास एक होना चाहिए। अगर मैं अपनी कमाई का दसवाँ हिस्सा उद्यम में लगाने के लिए सहमत हो जाता हूँ, तो हमें इन और अन्य सुखों से वंचित होना पड़ेगा, जिनकी हमें बहुत इच्छा थी। मैंने निर्णय लेने में देरी की जब तक कि बहुत देर हो चुकी थी, जिसका मुझे बाद

में बहुत पछतावा हुआ। यह उद्यम किसी भी व्यक्ति की भविष्यवाणी से अधिक लाभदायक साबित हुआ। यह मेरी कहानी है, जो दिखाती है कि मैंने कैसे सौभाग्य को जाने दिया।"

"इस कहानी में हम देखते हैं कि सौभाग्य उस व्यक्ति के पास आने का इंतज़ार करता है जो अवसर को स्वीकार करता है," रेगिस्तान के एक सांवले रंग के व्यक्ति ने टिप्पणी की। "एक संपत्ति के निर्माण के लिए हमेशा एक शुरुआत होनी चाहिए। वह शुरुआत सोने या चाँदी के कुछ सिक्कों से हो सकती है जिसे एक व्यक्ति अपनी कमाई से अपने पहले निवेश में लगाता है। मैं स्वयं कई समूहों का मालिक हूँ। मैंने अपने समूहों की शुरुआत तब की जब मैं एक छोटा लड़का था और मैंने एक चाँदी के सिक्के से एक बछड़ा खरीदा था। यह, मेरी संपत्ति की शुरुआत होने के कारण, मेरे लिए बहुत महत्वपूर्ण था।

''अपनी संपत्ति बनाने की शुरुआत करना किसी भी व्यक्ति के लिए सबसे अच्छा भाग्य हो सकता है। वह पहला कदम, जो आदमी को अपनी मेहनत से पैसे कमाने से बदलकर अपनी पूँजी से लाभ कमाने वाला बनाता है, बहुत महत्वपूर्ण होता है। कुछ लोग, सौभाग्य से, यह कदम जल्दी उठा लेते हैं और इसलिए वे उन लोगों से ज्यादा पैसे कमा लेते हैं, जो इसे बाद में उठाते हैं या वे लोग जो कभी इसे नहीं उठाते। जैसे इस व्यापारी के पिता, जिन्होंने कभी यह कदम नहीं उठाया।''

"अगर हमारे व्यापारी मित्र ने अपनी युवावस्था में ही यह कदम उठा लिया होता, जब यह अवसर उसके पास आया था, तो आज उसे इस दुनिया की बहुत सारी चीजें मिल सकती थीं। अगर हमारे मित्र कपड़ा बुनकर के सौभाग्य ने उसे इस समय ऐसा कदम उठाने के लिए प्रेरित किया, तो यह वास्तव में बहुत बड़ी खुशकिस्मती की शुरुआत होगी।"

''धन्यवाद! मुझे भी बोलना पसंद है।" दूसरे देश से एक अजनबी व्यक्ति उठा। "मैं सीरियाई हूँ। मैं आपकी भाषा इतनी अच्छी तरह नहीं बोल सकता। मैं इस मित्र, व्यापारी को एक नाम से पुकारना चाहता

हूँ। शायद आपको यह नाम अच्छा न लगे। फिर भी मैं उसे इसी नाम से पुकारना चाहता हूँ। लेकिन, अफ़सोस, मुझे आपका शब्द नहीं पता। अगर मैं उसे सीरियाई भाषा में पुकारूँगा, तो आप समझ नहीं पाएँगे। इसलिए, कृपया कुछ अच्छे सज्जन मुझे वह सही नाम बताएँ जिसे आप उस व्यक्ति को कहते हैं जो उन कामों को करने में देरी करता है जो उसके लिए बहुत अच्छे हैं।''

''टालमटोल करने वाला,'' एक आवाज़ आई।

''वो वही है'' सीरियाई ने उत्साहित होकर हाथ हिलाते हुए कहा; ''वो मौका मिलने पर उसे अपनाता नहीं। वो इंतजार करता है। वो कहता है; मेरे पास अभी बहुत काम है। बाद में बात करेंगे। मौका ऐसे धीमे लोगों का इंतजार नहीं करता। वह सोचता है; अगर किसी को किस्मत आजमानी है; तो उसे तुरंत काम करना चाहिए। जो इंसान मौका मिलने पर जल्दी नहीं करता; वो हमारा दोस्त; इस व्यापारी की तरह बहुत देर करने वाला था।''

व्यापारी खड़ा हुआ और हँसी का जवाब अच्छे तरीके से सिर झुका कर दिया। उसने कहा, ''मैं आपका सम्मान करता हूँ, हे अनजान व्यक्ति! आप हमारे बीच में आए हैं और सच बोलने में बिलकुल भी झिझकते नहीं हैं।''

''और अब हम अवसर की एक और कहानी सुनते हैं। हमारे लिए कौन दूसरा अनुभव लेकर आया है?'' अरकद ने पूछा।

''मेरे पास है,'' एक अधेड़ उम्र के लाल कपड़े पहने व्यक्ति ने जवाब दिया। ''मैं जानवरों का खरीदार हूँ, ज़्यादातर ऊँट और घोड़े खरीदता हूँ। कभी–कभी मैं भेड़ और बकरियाँ भी खरीदता हूँ। मैं जो कहानी सुनाने जा रहा हूँ, वह सच–सच बताएगी कि कैसे एक रात मुझे अवसर प्राप्त हुआ, जब मुझे इसकी उम्मीद नहीं थी। शायद इसी वजह से मैंने इसे हाथ से जाने दिया। इसका निर्णय आप ही करेंगे।

''ऊँटों की तलाश में दस दिन की निराशाजनक यात्रा करने के बाद एक शाम शहर से लौटते हुए, मुझे बहुत गुस्सा आया क्योंकि शहर के दरवाजे बंद और ताले लगे हुए थे। जब मेरे सेवक हमारा

तम्बू रात के लिए लगा रहे थे, जिसमें हमें कम खाना और बिना पानी के रहना था, तभी एक बूढ़ा किसान मेरे पास आया, जो हमारे जैसे ही बाहर फंसा हुआ था।''

'''आदरणीय श्रीमान,' उसने मुझसे कहा, 'आपकी अवस्था देखकर, मैं समझता हूँ कि आप खरीददार हो। यदि ऐसा है, तो मुझे बहुत खुशी होगी यदि आप मुझसे उन सबसे अच्छी भेड़ों का समूह खरीद लो, जो अभी–अभी यहाँ लाया गया है। दुःख इस बात का है कि, मेरी प्यारी पत्नी बहुत बीमार है और बुखार से पीड़ित है। मुझे जल्दी वापस जाना होगा। आप मेरी भेड़ें खरीद लो, ताकि मैं और मेरे गुलाम अपने ऊँटों पर सवार हो सकें और बिना देरी के वापस जा सकें।'''

''अंधेरा इतना था कि मैं भेड़ों का समूह नहीं देख सकता था, लेकिन भेड़ों की मिमियाहट से मुझे पता लग गया कि यह बहुत बड़ा होगा। ऊँटों की तलाश में दस दिन बर्बाद करने के बाद, जो मुझे नहीं मिले, मैं उसके साथ सौदा करके खुश था। अपनी चिंता में, उसने सबसे उचित कीमत तय की। मैंने स्वीकार कर लिया, यह अच्छी तरह जानते हुए कि मेरे सेवक सुबह झुंड को शहर के फाटकों से बाहर निकाल सकते हैं और अच्छे मुनाफे पर बेच सकते हैं।

सौदा पूरा होने पर, मैंने अपने सेवकों को मशालें लाने के लिए बुलाया ताकि हम भेड़ों की गिनती कर सकें, जिसमें किसान ने नौ सौ भेड़ें होने की घोषणा की थी। मैं आप पर इतनी सारी प्यासी, बेचैन और पिसती भेड़ों की गिनती करने में हमारी कठिनाई का वर्णन करके बोझ नहीं डालूँगा। यह एक असंभव कार्य साबित हुआ। इसलिए, मैंने किसान को स्पष्ट रूप से बताया कि मैं उन्हें दिन के उजाले में गिनूँगा और तब उसे भुगतान करूँगा।

'''कृपया, माननीय श्रीमान,' उसने विनती की, 'आज रात मुझे कीमत का केवल दो–तिहाई भुगतान करें ताकि मैं अपने रास्ते पर जा सकूँ। मैं सुबह गिनती करने में सहायता के लिए अपने सबसे बुद्धिमान और शिक्षित गुलाम को छोड़ दूँगा। वह भरोसेमंद है और आप उसे बकाया राशि दे सकते हो।'

"लेकिन मैं जिद्दी था और उस रात भुगतान करने से इनकार कर दिया। अगली सुबह, मेरे जागने से पहले, शहर के द्वार खुल गए और चार खरीदार भेड़ों के समूह की तलाश में बाहर निकल आए। वे बहुत उत्सुक थे और ऊँची कीमत चुकाने के लिए तैयार थे क्योंकि शहर पर घेराबंदी का खतरा था और भोजन प्रचुर मात्रा में नहीं था। बूढ़े किसान ने मुझे जिस कीमत पर भेड़ों के समूह की पेशकश की थी, उससे लगभग तीन गुना अधिक कीमत उसे मिली। इस प्रकार मेरे द्वारा दुर्लभ सौभाग्य को जाने दिया गया।"

"यह एक बहुत ही अनोखी कहानी है," अरकद ने प्रतिक्रिया व्यक्त की। "यह किस बुद्धिमत्ता का सुझाव देती है?"

"जब हमें लगता है कि हमारा सौदा सही है, तो तुरंत भुगतान करना समझदारी है," एक बुजुर्ग घोड़े की काठी बनाने वाले ने कहा। "अगर सौदा अच्छा है, तो तुम्हें अपनी कमजोरी से बचने के लिए जल्दी से जल्दी भुगतान करना चाहिए, जैसे किसी और से बचने के लिए। हम इंसान कभी–कभी अपना मन बदलते हैं। दुःख की बात है कि जब हम गलत होते हैं तो हम बहुत जिद्दी होते हैं, लेकिन जब सही होते हैं तो हम बहुत ही झिझकते हैं और सही अवसर खो देते हैं। मेरा पहला फैसला ही सही होता है। लेकिन हमेशा मुझे अच्छे सौदे पर काम शुरू करने में मुश्किल होती है। इसलिए, अपनी कमजोरी से बचने के लिए, मैं जल्दी से भुगतान कर देता हूँ। इससे मुझे बाद में अफसोस नहीं होता कि अच्छा अवसर मेरे हाथ से निकल गया।"

"धन्यवाद! मैं फिर बोलना चाहता हूँ," सीरियाई फिर से खड़ा हो गया। "ये कहानियाँ बहुत समान हैं। हर बार अवसर इसी कारण से दूर चला जाता है। हर बार वह आलसी व्यक्ति के पास आता है, एक अच्छी योजना लेकर। हर बार वे हिचकिचाते हैं, यह नहीं कहते, 'अभी सबसे अच्छा समय है, मैं इसे जल्दी करता हूँ।' ऐसे लोग कैसे सफल हो सकते हैं?"

"मेरे दोस्त, आपके शब्द बुद्धिमानी से भरे हैं," खरीदार ने जवाब दिया। "इन दोनों कहानियों में टालमटोल से सौभाग्य भाग गया।

लेकिन यह कोई अनोखी बात नहीं है। आलस्य की भावना हर इंसान में होती है। हम अमीर बनना चाहते हैं; लेकिन जब भी कोई अच्छा अवसर हमारे सामने आता है, तो यह टालमटोल की आदत हमें उस अवसर को लेने में देरी करने के लिए कहती है। इसे सुनकर हम अपने सबसे बड़े दुश्मन बन जाते हैं।

''जब मैं जवान था, तो मुझे यह लंबा शब्द नहीं पता था जो हमारे दोस्त ने बताया। पहले मुझे लगता था कि यह मेरी गलत समझ की वजह से था, जिससे मुझे कई अच्छे सौदों का नुकसान हुआ। फिर मैंने सोचा कि यह मेरे जिद्दी स्वभाव की वजह से था। आखिरकार, मैंने इसे पहचाना—यह एक आदत थी, जिसमें मुझे काम करने का सही समय मिला, लेकिन मैं उसे टालता था। जब मुझे इसका वास्तविक रूप पता चला, तो मुझे यह बहुत बुरा लगा। जैसे एक जंगली गधा जो रथ से जुता हुआ हो, मैंने इस शत्रु से अपनी सफलता का मार्ग साफ किया।''

''धन्यवाद! मैं श्रीमान व्यापारी से सवाल पूछना चाहता हूँ।'' सीरियाई बोल रहा था। ''आप बढ़िया कपड़े पहनते हैं, गरीब आदमी की तरह नहीं। आप सफल आदमी की तरह बोलते हैं। हमें बताओ, क्या तुम अब भी टालमटोल की आवाज सुनते हो जब वह तुम्हारे कान में फुसफुसाता है?''

''हमारे मित्र व्यापारी की तरह, मुझे भी टालमटोल की आदत को पहचानना और उसे हराना पड़ा,'' व्यापारी ने जवाब दिया। ''मेरे लिए यह एक शत्रु साबित हुआ, जो हमेशा मेरे कामों में रुकावट डालने के लिए छिपा रहता था और इंतजार करता था। जो कहानी मैंने सुनाई है, वह बस एक उदाहरण है, और भी कई ऐसे अनुभव हैं जिन्हें मैं बता सकता हूँ, जो यह दिखाते हैं कि कैसे उसने मेरे अवसरों को दूर किया। इसे समझने के बाद इसे हराना मुश्किल नहीं है। कोई भी आदमी अपनी अनाज की बोरियों को चोरों से लुटने नहीं देता। वैसे ही, कोई भी आदमी अपने ग्राहकों को दूर कर और मुनाफा छीनने के लिए शत्रु को नहीं आने देता। जब मैंने यह पहचाना कि मेरे शत्रु ने

ऐसे काम किए, तो मैंने दृढ़ निश्चय से उसे हराया। इसी तरह हर आदमी को अपनी टालमटोल की आदत पर नियंत्रण करना चाहिए, इससे पहले कि वह बेबीलोन के समृद्ध खजानों में हिस्सा ले सके।''

''क्या कहते हो, अरकद? क्योंकि तुम बेबीलोन के सबसे अमीर आदमी हो, इसलिए कई लोग तुम्हें सबसे भाग्यशाली कहते हैं। क्या तुम मेरी इस बात से सहमत हो कि कोई भी व्यक्ति तब तक पूरी तरह सफल नहीं हो सकता जब तक वह अपने भीतर की टाल–मटोल की भावना को पूरी तरह से कुचल न दे?''

''यह बिल्कुल वैसा ही है जैसा तुम कहते हो,'' अरकद ने स्वीकार किया। ''अपने लंबे जीवन के दौरान मैंने पीढ़ी दर पीढ़ी व्यापार, विज्ञान और शिक्षा के उन रास्तों पर आगे बढ़ते देखा है जो जीवन में सफलता की ओर ले जाते हैं। इन सभी लोगों को अवसर मिले। कुछ ने अपने अवसरों को पकड़ा और अपनी गहरी इच्छाओं की पूर्ति के लिए लगातार आगे बढ़े, लेकिन अधिकांश लोगों ने हिचकिचाहट दिखाई, लड़खड़ाये और पीछे रह गए।''

अरकद कपड़ा बुनकर की ओर मुड़ा। "आपने सुझाव दिया कि हम सौभाग्य पर बहस करें। अब हम सुनते हैं कि आप इस विषय पर क्या सोचते हैं।''

"मैं सौभाग्य को एक अलग नज़रिए से देखता हूँ। मैंने इसे एक ऐसी चीज़ के रूप में देखा था जो किसी व्यक्ति के लिए बिना किसी प्रयास के हो सकती है। अब, मैं महसूस करता हूँ कि ऐसी घटनाएँ ऐसी चीज़ें नहीं हैं जिन्हें कोई व्यक्ति अपनी ओर आकर्षित कर सकता है। हमारी चर्चा से मैंने सीखा है कि सौभाग्य को अपनी ओर आकर्षित करने के लिए अवसरों का लाभ उठाना ज़रूरी है। इसलिए, भविष्य में, मैं ऐसे अवसरों का पूरा लाभ उठाने का प्रयास करूँगा जो मेरे पास आएँगे।"

"आपने हमारी चर्चा में सामने आई सच्चाइयों को अच्छी तरह से समझ लिया है," अरकद ने उत्तर दिया। "हम जानते हैं कि सौभाग्य अक्सर अवसर के बाद आता है लेकिन शायद ही कभी इसके विपरीत आता है। हमारे व्यापारी मित्र को बहुत सौभाग्य मिलता अगर उन्होंने

उस अवसर को स्वीकार कर लिया होता जो देवी ने उन्हें प्रदान किया था। इसी तरह, हमारे मित्र खरीदार को भी सौभाग्य प्राप्त होता यदि उन्होंने भेड़ों के समूह की खरीद पूरी कर ली होती और इतने अच्छे लाभ पर बेच दिया होता।

''हमने यह चर्चा इसलिए की ताकि कोई ऐसा तरीका खोजा जा सके जिससे सौभाग्य को अपनी ओर आकर्षित किया जा सके। मुझे लगता है कि हमें रास्ता मिल गया है। दोनों कहानियों ने यह दर्शाया कि सौभाग्य अवसर का अनुसरण करता है। इसमें एक सच्चाई है जिसे सौभाग्य की कई ऐसी कहानियाँ, चाहे जीतें या हारें, बदल नहीं सकतीं। सच्चाई यह है : *अवसर को स्वीकार करके सौभाग्य को आकर्षित किया जा सकता है।*

"जो लोग अपनी बेहतरी के लिए अवसरों को प्राप्त करने के लिए उत्सुक हैं, वे अच्छी देवी की रुचि को आकर्षित करते हैं। वे हमेशा उन लोगों की सहायता करने के लिए उत्सुक रहती हैं जो उन्हें प्रसन्न करते हैं। कर्मशील पुरुष उन्हें सबसे अधिक प्रसन्न करते हैं।

''कर्म तुम्हें उन सफलताओं की ओर ले जाएगा जिनकी तुम इच्छा रखते हो।''

कर्मशील पुरुषों को सौभाग्य की देवी का अनुग्रह प्राप्त होता है

सोने के पाँच नियम

"सोने से भरा थैला या ज्ञान के शब्दों से खुदी हुई मिट्टी की पट्टिका; यदि तुम्हें इन दोनों में से किसी एक को चुनने को मिले, तो तुम क्या चुनोगे?"

रेगिस्तान की झाड़ियों की जलती हुई आग की हल्की रोशनी में, श्रोताओं के सूरज से झुलसे हुए चेहरे उत्सुकता से चमक रहे थे।

"सोना, सोना," सत्ताईस लोगों ने एक स्वर में कहा।

बूढ़ा कलबाब जानबूझकर मुस्कुराया।

"सुनो," उसने हाथ उठाते हुए कहा। "वहाँ रात में जंगली कुत्तों की आवाज सुनो। वे बहुत तेज भूख से भौंका करते हैं। लेकिन उन्हें खाना दो, तो वे क्या करते हैं? लड़ते हैं और इतराते हैं। और फिर लड़ते हैं और इतराते हैं, बिना कल के बारे में सोचे, जो जरूर आएगा।

"ठीक ऐसा ही मनुष्यों के साथ भी होता है। उन्हें सोने और ज्ञान में से एक चुनने को कहो– वे क्या करते हैं? ज्ञान को नज़रअंदाज़ कर देते हैं और सोने को बर्बाद कर देते हैं। अगले दिन वे रोते हैं क्योंकि उनके पास और सोना नहीं होता।

"सोना उन लोगों के लिए आरक्षित है जो इसके नियमों को जानते हैं और उनका पालन करते हैं।"

कलबाब ने अपने दुबले पैरों के चारों ओर अपना सफ़ेद लबादा लपेटा, क्योंकि रात में ठंडी हवा चल रही थी।

"क्योंकि तुमने हमारी लंबी यात्रा में ईमानदारी से मेरी सेवा की है, क्योंकि तुमने मेरे ऊँटों की अच्छी देखभाल की है, क्योंकि तुमने रेगिस्तान की गर्म रेत पर बिना किसी शिकायत के काम किया है, क्योंकि तुमने मेरे माल को लूटने की कोशिश करने वाले लुटेरों से बहादुरी से मुकाबला किया है, मैं तुम्हें आज रात सोने के पाँच नियमों की कहानी सुनाऊँगा, ऐसी कहानी जैसी तुमने पहले कभी नहीं सुनी होगी।

''मेरे द्वारा कहे गए शब्दों पर विशेष ध्यान दो, क्योंकि अगर आप उनका अर्थ समझोगे और उन पर ध्यान दोगे, तो आने वाले दिनों में आपके पास बहुत सारा सोना होगा।''

वह प्रभावशाली ढंग से रुका। ऊपर साफ नीले आसमान में बेबीलोनिया के सितारे चमक रहे थे। समूह के पीछे उनके फीके तंबू थे जो संभावित रेगिस्तानी तूफानों से बचने के लिए मज़बूती से खड़े थे। तंबू के बगल में चमड़े से ढके माल के गट्ठर बड़े अच्छे से रखे हुए थे। पास ही रेत में फैले ऊँटों का झुंड, कुछ संतुष्ट होकर जुगाली कर रहा था, और अन्य कर्कश ध्वनि में खर्राटे ले रहे थे।

''तुमने हमें कई अच्छी कहानियाँ सुनाई हैं, कलबाब,'' मुख्य पैकर ने कहा। ''कल जब हमारी सेवा तुम्हारे साथ समाप्त होगी, तो हम तुमसे सलाह की उम्मीद करते हैं, ताकि हमें सही मार्ग मिल सके।''

"मैंने तुम्हें सिर्फ़ अजनबी और दूरदराज़ के देशों में अपने कारनामों के बारे में बताया है, लेकिन आज रात मैं तुम्हें बुद्धिमान अमीर आदमी अरकद की बुद्धि के बारे में बताऊँगा।"

"हमने उसके बारे में बहुत कुछ सुना है," मुख्य पैकर ने स्वीकार किया, "क्योंकि वह बेबीलोन में रहने वाला अब तक का सबसे अमीर आदमी था।"

"वह सबसे अमीर आदमी था, और ऐसा इसलिए क्योंकि वह सोने के तरीकों में इतना बुद्धिमान था, जितना उससे पहले कोई भी आदमी नहीं था। आज रात मैं तुम्हें उसकी महान बुद्धि के बारे में बताऊँगा जैसा कि नोमासिर, उसके बेटे ने मुझे कई सालों पहले नीनवे में बताया था, जब मैं एक बालक था।

''मेरे मालिक और मैंने नोमासिर के महल में देर रात तक रुककर समय बिताया। मैंने अपने मालिक की मदद की, ताकि बेहतरीन कालीनों के बड़े–बड़े गट्ठर नोमासिर के सामने लाए जा सकें, और वह रंगों का चुनाव कर सके। अंत में, वह बहुत प्रसन्न हुआ और हमें अपने साथ बैठने का आदेश दिया। उन्होंने हमें एक विशेष पेय पदार्थ पिलाया, जिसकी सुगंध से नथुने भर गए और जिसने मेरे पेट को गर्माहट प्रदान की, जो ऐसे पेय का आदी नहीं था।

''तब उन्होंने हमें अपने पिता अरकद की महान बुद्धिमानी की यह कहानी सुनाई, जैसे कि अब मैं तुम्हें सुनाने जा रहा हूँ।

'बेबीलोन में एक प्रथा है, जैसा कि तुम जानते हो, कि अमीर पिता के बेटे अपने माता–पिता के साथ रहते हैं, ताकि वे संपत्ति का उत्तराधिकारी बन सकें। अरकद को यह प्रथा पसंद नहीं थी। इसलिए, जब नोमासिर ने संपत्ति को संभाला, तो उसने नोमासिर को बुलवाया और उससे कहा :

"'मेरे बेटे, मेरी इच्छा है कि तुम मेरी संपत्ति के उत्तराधिकारी बनो। लेकिन, तुम्हें पहले यह साबित करना होगा कि तुम इसे बुद्धिमानी से संभाल सकते हो। इसलिए, मैं चाहता हूँ कि तुम दुनिया में जाओ और यह दिखाओ कि तुम सोना कमा सकते हो और साथ ही लोगों के बीच सम्मान प्राप्त कर सकते हो।''

"'तुम्हारी अच्छी शुरुआत करने के लिए, मैं तुम्हें दो चीज़ें दूँगा, जो मुझे तब नहीं दी गई थीं, जब मैंने एक गरीब युवा के रूप में भाग्य बनाने के लिए शुरूआत की थी।

"'सबसे पहले, मैं तुम्हें सोने से भरा यह थैला देता हूँ। यदि तुम इसका बुद्धिमानी से उपयोग करते हो, तो यह तुम्हारे भविष्य की सफलता का आधार होगा।

"'दूसरा, मैं तुम्हें यह मिट्टी की पट्टी देता हूँ, जिस पर सोने के पाँच सिद्धांत खुदे हुए हैं। यदि तुम इन्हें अपनी गतिविधियों में सही तरह से लागू करोगे, तो ये तुम्हें समृद्धि और सुरक्षा प्रदान करेंगे।

"'इस दिन से दस सालों बाद, तुम अपने पिता के घर वापस लौट आना और अपना हिसाब देना। यदि तुम योग्य साबित होते हो, तो मैं तुम्हें अपनी संपत्ति का उत्तराधिकारी बनाऊँगा। नहीं तो, मैं इसे पुजारियों को दे दूँगा ताकि वे देवताओं के विचार से मेरी आत्मा के बदले भूमि का आदान–प्रदान कर सकें।'

"इसलिए नोमासिर सोने से भरा थैला, रेशमी कपड़े में सावधानी से लपेटी गई मिट्टी की पट्टिका, अपने दास और घोड़ों को लेकर अपना रास्ता बनाने के लिए निकल पड़ा।

"दस साल बीत गए, और नोमासिर, जैसा कि उसने तय किया था, अपने पिता के घर लौट आया, जिन्होंने उसके सम्मान में एक बड़ी दावत का आयोजन किया, जिसमें उन्होंने कई दोस्तों और रिश्तेदारों को आमंत्रित किया। दावत खत्म होने के बाद, माता–पिता बड़े हॉल के एक तरफ अपने सिंहासन जैसे आसन पर बैठ गए, और नोमासिर उनके सामने खड़ा हो गया और उसने अपने पिता से वादा किया था कि वह अपना हिसाब देगा।

"शाम का समय था। कमरे में तेल के दीपकों से हल्का धुंआ फैल रहा था, जिससे रोशनी बहुत कम हो रही थी। सफेद कपड़े पहने सेवक ताड़ के पत्तों से हवा झल रहे थे। इस दृश्य में एक विशेष और शाही अहसास था। नोमासिर की पत्नी और उनके दो बेटे, कुछ दोस्तों और परिवार के सदस्य, उनके पीछे कालीनों पर बैठकर सुनने के लिए तैयार थे।

"'पिताजी,' उसने विनम्रतापूर्वक शुरुआत की, 'मैं आपके ज्ञान के आगे शीश झुकाता हूँ। दस सालों पहले जब मैं युवावस्था की दहलीज पर खड़ा था, तब आपने मुझे यह कहकर घर से भेजा था कि मैं पुरुषों के बीच एक सम्मानित व्यक्ति बनूँ, न कि आपकी संपत्ति का उत्तराधिकारी।

"'आपने मुझे अपना सोने से भरा थैला उदारता से दिया। आपने मुझे अपना ज्ञान उदारता से दिया। पर अफसोस! मुझे स्वीकार करना होगा कि मेरे साथ बहुत बुरा व्यवहार हुआ। सचमुच मेरे अनुभवहीन

हाथों से सोने से भरा थैला चला गया, जैसे एक जंगली खरगोश उस युवा से पहला मौका मिलते ही भाग जाता है जो उसे पकड़ता है।'

"पिता ने कृपालुता से मुस्कुराते हुए कहा, 'बेटा, आगे बढ़ो, तुम्हारी कहानी के सभी विवरण मुझे रोचक लगते हैं।'

"'मैंने नीनवे जाने का फैसला किया, क्योंकि यह एक बढ़ता हुआ शहर था, मुझे विश्वास था कि मुझे वहाँ अवसर मिल सकते हैं। मैं एक काफिले में शामिल हो गया और उसके सदस्यों में से कई दोस्त बन गए। इनमें दो अच्छे वक्ता थे जिनके पास हवा की तरह तेज़ सफ़ेद घोड़ा था।

"जब हम यात्रा कर रहे थे, तो उन्होंने मुझे विश्वास से बताया कि नीनवे में एक अमीर आदमी था जिसके पास इतना तेज़ घोड़ा था कि उसे कभी नहीं हराया गया था। उसके मालिक का मानना था कि कोई भी घोड़ा इतनी तेज़ गति से नहीं दौड़ सकता। इसलिए, वह चाहे कितनी भी बड़ी राशि दाँव पर लगाए कि उसका घोड़ा पूरे बेबीलोन में किसी भी घोड़े से तेज़ हो सकता है। मेरे दोस्तों ने कहा कि उनके घोड़े की तुलना में यह एक भारी गधा था जिसे आसानी से हराया जा सकता था।

"'उन्होंने एक बड़े उपकार के रूप में मुझे शर्त लगाने की अनुमति देने की पेशकश की। मैं योजना से पूरी तरह प्रभावित हो गया।

"'हमारा घोड़ा बुरी तरह से हार गया और मैंने अपना बहुत सारा सोना गँवा दिया।' पिता हँसे। 'बाद में, मुझे पता चला कि यह इन लोगों की एक कपट योजना थी और वे लगातार काफिले के साथ शिकार की तलाश में यात्रा करते थे। आप देखिए, नीनवे का आदमी उनका साथी था और उसने जो दाँव जीता था, उसे उनके साथ साझा किया। इस चतुरतापूर्वक छल ने मुझे अपना ख्याल रखने का पहला सबक सिखाया।

"'मुझे जल्द ही एक और बात पता चली, जो उतनी ही कड़वी थी। काफिले में एक और युवक था, जिसके साथ मेरी बहुत अच्छी मित्रता हो गई थी। वह धनी माता–पिता का बेटा था और मेरी ही

तरह, उपयुक्त स्थान की तलाश में नीनवे की यात्रा कर रहा था। हमारे पहुँचने के कुछ समय बाद, उसने मुझे बताया कि एक व्यापारी की मृत्यु हो गई है और उसके माल और संरक्षण वाली उसकी दुकान को मामूली कीमत पर खरीदा जा सकता है। यह कहते हुए कि हम बराबर के भागीदार होंगे, लेकिन उसे पहले अपना सोना सुरक्षित करने के लिए बेबीलोन लौटना होगा, उसने मुझे अपने सोने से माल खरीदने के लिए मजबूर किया, इस बात पर सहमत होते हुए कि उसका सोना बाद में हमारे उद्यम को आगे बढ़ाने के लिए इस्तेमाल किया जाएगा।

"'वह बेबीलोन जाने की यात्रा में बहुत देर कर रहा था, इस दौरान वह एक समझदार खरीदार नहीं था और बहुत पैसे बर्बाद कर रहा था। अंत में, मैंने उसे निकाल दिया, लेकिन तब तक व्यापार इस हालत में पहुँच चुका था कि हमारे पास केवल बेकार माल था और नए माल को खरीदने के लिए कोई सोना नहीं बचा था। जो कुछ भी बचा था, मैंने उसे एक इस्राइली को बहुत कम पैसे में बेच दिया।

"'जल्द ही, पिताजी, मेरे जीवन में बहुत कष्ट भरे दिन आए। मैंने बहुत कोशिश की, लेकिन मुझे काम नहीं मिला, क्योंकि मुझमें कोई खास हुनर या शिक्षा नहीं थी जिससे मैं पैसे कमा सकूँ। मैंने अपने घोड़े बेच दिए। मैंने अपना सेवक बेच दिया। मैंने अपनी अतिरिक्त चादरें भी बेच दीं ताकि मुझे खाना मिल सके और सोने के लिए जगह मिल सके, लेकिन हर दिन भूख और तंगी मेरे पास और करीब आती जा रही थी।

"'लेकिन उन कठिन दिनों में, मुझे अपने पिता का विश्वास याद आया। आपने मुझे एक इंसान बनने के लिए भेजा था, और मैं इसे पूरा करने का संकल्प ले चुका था।' माँ अपना चेहरा छिपाकर धीरे–धीरे रोने लगीं।

"'इस समय, मुझे आपकी प्रदान की हुई उस पट्टिका की याद आई जिस पर आपने सोने के पाँच नियम उकेरे थे। इसके बाद, मैंने आपके ज्ञान के शब्दों को बहुत ध्यान से पढ़ा, और महसूस किया कि अगर मैंने पहले ज्ञान की तलाश की होती, तो मेरा सोना मुझसे नहीं खोता। मैंने

प्रत्येक नियम को कंठस्थ कर लिया और निश्चय किया कि जब एक बार फिर सौभाग्य की देवी मुझ पर मुस्कुराएगी, तो मैं युवावस्था की अनुभवहीनता से नहीं, बल्कि आयु की बुद्धिमत्ता से मार्गदर्शित होऊँगा।

"'आप लोगों के लाभ के लिए जो आज रात यहाँ बैठे हैं, मैं अपने पिता की बुद्धिमत्ता को पढ़ूँगा जो मिट्टी की पट्टिका पर उकेरा गया है जो उन्होंने मुझे दस साल पहले दी थी :

सोने के पाँच नियम

1. सोना खुशी से और बढ़ती मात्रा में उस आदमी के पास आता है जो अपनी कमाई का कम से कम दसवां हिस्सा बचाकर भविष्य और अपने परिवार के लिए संपत्ति निर्माण करता है।
2. सोना उस बुद्धिमान मालिक के लिए परिश्रम और संतुष्टि से काम करता है जो इसके लिए लाभदायक रोजगार ढूँढ़ता है, और खेत में फसलों की तरह बढ़ता है।
3. सोना उस सतर्क मालिक की सुरक्षा में रहता है जो इसे बुद्धिमान लोगों की सलाह के अनुसार निवेश करता है।
4. सोना उस व्यक्ति से दूर हो जाता है जो इसे ऐसे व्यापारों या उद्देश्यों में लगाता है जिनसे वह परिचित नहीं है या जो उन लोगों द्वारा अनुमोदित नहीं होते जो इसके रख–रखाव में विशेषज्ञ हैं।
5. सोना उस व्यक्ति से दूर भागता है जो उसे असंभव लाभ कमाने के लिए दबाव डालता है, या जो ठगों और चालाकों की आकर्षक सलाह का पालन करता है, या जो अपनी अनुभवहीनता और निवेश में काल्पनिक इच्छाओं पर विश्वास करता है।'

"'ये सोने के पाँच नियम हैं जो मेरे पिता ने लिखे हैं। मैं उन्हें सोने से भी अधिक मूल्यवान मानता हूँ, जैसा कि मैं अपनी कहानी के माध्यम से बताऊँगा।'

"उसने फिर अपने पिता की ओर देखा। 'मैंने तुम्हें बताया कि मेरी अनुभवहीनता ने मुझे कितनी गहरी गरीबी और निराशा में डुबो दिया है।

"'हालांकि, कोई भी आपदाओं की शृंखला कभी न कभी समाप्त हो जाती है। मेरी समाप्ति तब हुई जब मुझे शहर की नई बाहरी दीवार पर काम कर रहे दासों की एक टोली का प्रबंधक नियुक्त किया गया।''

"सोने के पहले नियम का ज्ञान प्राप्त कर, मैंने अपनी पहली कमाई से एक ताँबा बचाया, और हर अवसर पर उसे बढ़ाया जब तक कि मेरे पास एक चाँदी का सिक्का नहीं आ गया। यह एक धीमी प्रक्रिया थी, क्योंकि हमें जीने के लिए खर्च करना पड़ता है। मैंने खर्च बहुत सोच–समझकर किया, मैं यह स्वीकार करता हूँ, क्योंकि मैं यह दृढ़ निश्चय कर चुका था कि दस सालों के अंत तक मैं उतना ही सोना कमा लूँगा जितना आपने, मेरे पिता ने, मुझे दिया था।

"'एक दिन दासों के मालिक, जिसके साथ मेरी बहुत अच्छी मित्रता हो गई थी, उसने मुझसे कहा : ''तुम एक समझदार लड़के हो, जो अपनी कमाई को बेवजह खर्च नहीं करता। क्या तुमने जो सोना जमा किया है, वह कमाई नहीं है?''"

'हाँ,' मैंने उत्तर दिया, 'मेरी सबसे बड़ी इच्छा सोना जमा करना है, जो मेरे पिता ने मुझे दिया था और जिसे मैंने खो दिया है।'

"'यह एक योग्य महत्वाकांक्षा है, मैं स्वीकार करता हूँ, और क्या तुम जानते हो कि तुमने जो सोना बचाया है, वह तुम्हारे काम आ सकता है और तुम और भी अधिक सोना कमा सकते हो?'"

"'अफसोस! मेरा अनुभव बहुत कड़वा रहा है, क्योंकि मेरे पिता का सोना मुझसे दूर चला गया है, और मुझे बहुत डर है कि कहीं मेरा भी सोना न चला जाए।'

"'अगर तुम मुझ पर विश्वास करते हो, तो मैं तुम्हें सोने को सही तरीके से संभालने का एक सबक देता हूँ," उसने जवाब दिया। "एक

साल में बाहरी दीवार पूरी हो जाएगी और हर प्रवेश द्वार पर कांस्य के बड़े दरवाजे बनाए जाएंगे ताकि शहर को राजा के शत्रुओं से बचाया जा सके।

"पूरे नीनवे में इन द्वारों को बनाने के लिए पर्याप्त धातु नहीं है और राजा ने इसे उपलब्ध कराने के बारे में नहीं सोचा है। यह मेरी योजना है : हम में से एक समूह अपना सोना इकट्ठा करेगा और दूर स्थित ताँबे और टिन की खदानों में एक काफिला भेजेगा और दरवाजों के लिए धातु नीनवे लाएगा। जब राजा कहेगा, 'बड़े दरवाजे बनाओ,' तो हम अकेले ही धातु की आपूर्ति कर सकते हैं और वह इसके लिए अच्छी कीमत चुकाएगा। अगर राजा हमसे नहीं खरीदेगा, तो भी हमारे पास वह धातु होगी जिसे उचित मूल्य पर बेचा जा सकता है।"

"'उसके प्रस्ताव में मैंने तीसरे नियम का पालन करने और बुद्धिमान लोगों के मार्गदर्शन में अपनी बचत का निवेश करने का अवसर पहचाना। न ही मैं निराश हुआ। हमारा जमा किया हुआ धन सफल रहा और इस लेन–देन से मेरे सोने के छोटे–से भंडार में बहुत वृद्धि हुई।

"'समय बीतने के साथ, मुझे इसी समूह में दूसरे कामों में भी शामिल होने का अवसर मिला। ये लोग सोने को सही तरीके से संभालने में बहुत समझदार थे। वे हर योजना पर बहुत ध्यान से विचार करते थे और फिर उसे करते थे। वे कभी अपनी कमाई को बिना सोचे–समझे नहीं लगाते थे, और न ही ऐसे कामों में निवेश करते थे जो फायदेमंद न हों। जो बेवकूफी की बातें मैंने की थीं, जैसे घोड़े की दौड़ और साझेदारी, ये लोग उसे तुरंत पहचान लेते थे और बताते थे कि ये गलत थे।

"'इन लोगों के साथ मिलकर, मैंने सोने को सुरक्षित तरीके से निवेश करना सीखा, जिससे मुझे अच्छा मुनाफा हुआ। जैसे–जैसे साल बीते, मेरी संपत्ति तेजी से बढ़ने लगी। मैंने न केवल जो खोया था, उसे वापस पाया, बल्कि उससे भी अधिक कमाया।

"'मेरा दुर्भाग्य, मेरे कष्टों और मेरी सफलता के दौरान, मैंने बार–बार सोने के पाँच नियमों की बुद्धिमत्ता को परखा है, पिताजी,

और हर बार उन्हें सही पाया है। जो व्यक्ति इन पाँच नियमों से अनजान होता है, उसके पास सोना कभी नहीं आता और जो आता है, वह जल्दी चला जाता है। लेकिन जो व्यक्ति इन पाँच नियमों का पालन करता है, उसके पास सोना आता है और वह उसके विश्वसनीय सेवक की तरह काम करता है।'

"नोमासिर ने बोलना बंद किया और कमरे के पीछे एक सेवक को इशारा किया। सेवक एक–एक करके तीन भारी चमड़े के थैले आगे लाया। इनमें से एक नोमासिर ने अपने पिता के सामने फर्श पर रख दिया और फिर से उनसे कहने लगा :

"'आपने मुझे सोने का एक थैला दिया था, बेबीलोन का सोना। देखिये, इसके बदले में, मैं आपको आपके बराबर वजन का नीनवे का सोना लौटाता हूँ। एक समान विनिमय, जैसा कि सभी सहमत होंगे।

"'आपने मुझे ज्ञान से लिखी मिट्टी की एक पट्टिका दी थी। देखो, इसके बदले में मैं सोने के दो थैले लौटाता हूँ।' ऐसा कहकर उसने सेवक से बाकी दो थैले लिए और उन्हें भी अपने पिता के सामने फ़र्श पर रख दिया।

"'मैं यह इसलिए कर रहा हूँ कि मैं आपको यह साबित कर सकूँ कि आपके ज्ञान को मैं आपके सोने से भी अधिक मूल्यवान मानता हूँ। फिर भी, कौन सोने के थैलों में ज्ञान का मूल्य माप सकता है? ज्ञान के बिना, सोना उन लोगों द्वारा जल्दी ही खो दिया जाता है जिनके पास यह है, लेकिन ज्ञान के साथ, सोना उन लोगों द्वारा सुरक्षित किया जा सकता है जिनके पास यह नहीं है, जैसा कि सोने के ये तीन थैले साबित करते हैं।

"'पिताजी, आपके सामने खड़े होकर यह कहने में मुझे वास्तव में बहुत संतुष्टि मिलती है कि आपकी बुद्धि के कारण मैं अमीर बन पाया हूँ और लोगों के सामने मेरा सम्मान किया जाता है।'

"पिता ने नोमासिर के सिर पर प्यार से अपना हाथ रखा। 'तुमने अपने सबक अच्छी तरह सीखे हैं, और मैं वास्तव में भाग्यशाली हूँ कि मुझे एक बेटा मिला है जिसे मैं अपना धन सौंप सकता हूँ।'

"कलबाब ने अपनी कहानी बंद की और अपने श्रोताओं की ओर आलोचनात्मक दृष्टि से देखा।

"नोमासिर की यह कहानी तुम्हारे लिए क्या मायने रखती है?" उसने आगे कहा।

"आप में से कौन अपने पिता या अपनी पत्नी के पिता के पास जाकर अपनी कमाई का बुद्धिमानी से इस्तेमाल करने का हिसाब दे सकता है?

"ये आदरणीय लोग क्या सोचेंगे यदि तुम कहो : 'मैंने बहुत यात्रा की है, बहुत कुछ सीखा है, बहुत मेहनत की है और बहुत कुछ कमाया है, फ़िर भी अफ़सोस, मेरे पास बहुत कम सोना है। कुछ मैंने बुद्धिमानी से खर्च किया, कुछ मैंने मूर्खता से खर्च किया और बहुत कुछ मैंने नासमझी में खो दिया।'

"क्या अब भी यह भाग्य की असंगति है कि कुछ लोगों के पास बहुत सोना है और दूसरों के पास कुछ भी नहीं? तो आप गलत हो।

"जब लोग सोने के पाँच नियमों को जानते हैं और उनका पालन करते हैं, तो उनके पास बहुत सोना होता है।

"क्योंकि मैंने अपनी युवावस्था में इन पाँच नियमों को सीखा और उनका पालन किया, इसलिए मैं एक धनी व्यापारी बन गया हूँ। मैंने अपनी संपत्ति किसी अजीब जादू से नहीं एकत्रित की।

"जो धन जल्दी आता है, वह उसी तरह चला जाता है।

"जो धन अपने मालिक को आनंद और संतुष्टि प्रदान करता है, वह धीरे–धीरे आता है, क्योंकि यह ज्ञान और निरंतर उद्देश्य से उत्पन्न हुआ बालक है।

धन कमाना विचारशील व्यक्ति के लिए एक मामूली बोझ है। साल–दर–साल लगातार बोझ उठाने से अंतिम उद्देश्य पूरा होता है।

"सोने के पाँच नियम तुम्हें उनके पालन के लिए एक समृद्ध पुरस्कार प्रदान करते हैं। इन पाँच नियमों में से प्रत्येक अर्थ से भरपूर है और अगर तुम मेरी कहानी की संक्षिप्तता में इसे अनदेखा न करो,

तो मैं अब उन्हें दोहराता हूँ। मैं उन्हें दिल से जानता हूँ क्योंकि अपनी युवावस्था में, मैं उनका मूल्य देख सकता था और जब तक मैं उन्हें शब्दशः नहीं जान लेता, तब तक संतुष्ट नहीं होता।"

सोने का पहला नियम

सोना किसी भी व्यक्ति को खुशी से और बढ़ती मात्रा में मिलता है जो अपनी कमाई का कम से कम दसवाँ हिस्सा अपने और अपने परिवार के भविष्य के लिए संपत्ति बनाने में लगाता है।

"जो आदमी अपनी कमाई का दसवाँ हिस्सा हमेशा बचाता है और उसे सही तरीके से निवेश करता है, वह एक अच्छा खजाना बनाएगा, जो उसे भविष्य में पैसे प्रदान करेगा और अगर भगवान उसे इस दुनिया से ले जाएं, तो उसके परिवार को भी सुरक्षा प्रदान करेगा। यह नियम कहता है कि ऐसा आदमी हमेशा सोने को आसानी से प्राप्त करता है। मैं इसे अपनी जिंदगी में सच मानता हूँ। मैं जितना अधिक सोना बचाता हूँ, उतना ही अधिक सोना मेरे पास आता है। जो सोना मैं बचाता हूँ, वह और अधिक कमाकर देता है, और यही पहला नियम है।"

सोने का दूसरा नियम

सोना उस बुद्धिमान स्वामी के लिए परिश्रमपूर्वक और संतुष्ट होकर काम करता है जो इसके लिए लाभदायक रोजगार ढूँढ़ता है, खेत में फसलों की तरह बढ़ता है।

"सोना, वास्तव में, एक इच्छुक कार्यकर्ता है। जब अवसर खुद को प्रस्तुत करता है तो यह हमेशा बढ़ने के लिए उत्सुक रहता है। हर उस व्यक्ति के लिए जिसके पास सोने का भंडार है, उसके सबसे

लाभदायक उपयोग के लिए अवसर आता है। जैसे–जैसे साल बीतते हैं, यह आश्चर्यजनक तरीके से खुद को बढ़ाता है।"

सोने का तीसरा नियम

सोना उस सतर्क मालिक की सुरक्षा में रहता है जो इसे बुद्धिमान लोगों की सलाह पर निवेश करता है।

"सोना, वास्तव में, सतर्क मालिक से चिपक जाता है, जैसे कि यह लापरवाह मालिक से भाग जाता है। जो व्यक्ति सोने को संभालने में बुद्धिमान लोगों की सलाह लेता है, वह जल्द ही अपने खज़ाने को संकट में डालने के बजाय उसे सुरक्षित रखना और उसकी निरंतर वृद्धि का आनंद लेना सीख जाता है।"

सोने का चौथा नियम

सोना उस व्यक्ति से फिसल जाता है जो इसे ऐसे व्यवसायों या उद्देश्यों में निवेश करता है जिनसे वह परिचित नहीं है या जो इसे रखने में कुशल लोगों द्वारा अनुमोदित नहीं हैं।

जिस व्यक्ति के पास सोना है, लेकिन वह इसे संभालने में कुशल नहीं है, उसे इसके कई उपयोग सबसे अधिक लाभदायक लगते हैं। अक्सर ये नुकसान के खतरे से भरे होते हैं, और अगर बुद्धिमान लोगों द्वारा ठीक से विश्लेषण किया जाए, तो लाभ की बहुत कम संभावना होती है। इसलिए, सोने का अनुभवहीन मालिक जो अपने स्वयं के निर्णय पर विश्वास करता है और इसे ऐसे व्यवसाय या उद्देश्यों में निवेश करता है जिनसे वह परिचित नहीं है, अक्सर अपने निर्णय को अपूर्ण पाता है, और अपनी अनुभवहीनता के लिए अपने खजाने से भुगतान करता है। बुद्धिमान, वास्तव में वह है जो अपने खज़ाने को सोने के तरीकों में कुशल लोगों की सलाह के तहत निवेश करता है।"

सोने का पाँचवाँ नियम

सोना उस व्यक्ति से दूर भागता है जो इसे असंभव कमाई के लिए मजबूर करता है या जो धोखेबाजों और षड्यंत्रकारियों की आकर्षक सलाह का पालन करता है या जो इसके निवेश में अपनी अनुभवहीनता और काल्पनिक इच्छाओं पर विश्वास करता है।

"काल्पनिक प्रस्ताव जो रोमांचकारी कहानियों की तरह रोमांचित करते हैं, हमेशा सोने के नए मालिक के पास आते हैं। ऐसा लगता है कि ये उसके खज़ाने को जादुई शक्तियों से संपन्न करते हैं जिससे वह असंभव कमाई कर सकता है। फिर भी तुम बुद्धिमान लोगों की बात सुनो क्योंकि वे जानते हैं कि अचानक बहुत धन कमाने की हर योजना के पीछे क्या जोखिम छिपा होता है।

"नीनवे के धनी लोगों को मत भूलना जो अपना मूलधन खोने या उसे लाभहीन निवेश में लगाने का कोई जोखिम नहीं उठाएँगे। सोने के पाँच नियमों की मेरी कहानी यहीं समाप्त होती है। इसे आपको बताते हुए, मैंने अपनी सफलता के रहस्य बताए हैं।

"फिर भी, वे रहस्य नहीं हैं, बल्कि सत्य हैं जिन्हें हर उस व्यक्ति को पहले सीखना चाहिए और फिर उनका पालन करना चाहिए जो उस भीड़ से बाहर निकलना चाहता है, जो आपके जैसे जंगली कुत्तों की तरह, हर दिन खाने के लिए संघर्ष करते हैं। कल, हम बेबीलोन में प्रवेश करेंगे। देखो! बेल के मंदिर के ऊपर अनंत काल तक जलने वाली आग को देखो! हम पहले से ही सुनहरे शहर के सामने हैं।

कल, आप में से प्रत्येक के पास सोना होगा, वह सोना जो आपने अपनी विश्वसनीय सेवाओं से इतनी अच्छी तरह से कमाया है।

"इस रात से दस साल बाद, आप इस सोने के बारे क्या में बता सकते हो?

"अगर आप में से कोई भी आदमी, जैसे नोमासिर ने किया, अपने सोने का एक हिस्सा सही तरीके से निवेश करके संपत्ति बनाता है और

फिर अरकद की समझदारी से मार्गदर्शन लेता है, तो दस सालों बाद वह भी धनवान और सम्मानित होगा, जैसे अरकद का बेटा हुआ था।

"हमारी समझदारी से किए गए कार्य हमारे साथ रहते हैं, हमें खुश रखते हैं और हमारी मदद करते हैं। वही हमारे गलत काम भी हमें परेशान करते हैं। दुःख की बात है कि वे कभी भुलाए नहीं जा सकते। जो सबसे बड़े दुःख होते हैं, वे वो यादें होती हैं, जिनमें हम वो काम नहीं करते जो हमें करना चाहिए था, और जो अवसर हमें मिले थे, उन्हें हम ने गँवा दिया।

"बेबीलोन के खज़ाने समृद्ध हैं, इतने समृद्ध कि कोई भी व्यक्ति सोने के टुकड़ों में उनका मूल्य नहीं गिन सकता। हर साल, वे अधिक समृद्ध और अधिक मूल्यवान होते जा रहे हैं। हर देश के खजाने की तरह, वे भी एक पुरस्कार हैं, एक समृद्ध पुरस्कार जो उद्देश्यपूर्ण उन लोगों की प्रतीक्षा कर रहा है जो अपना उचित हिस्सा सुरक्षित करने का दृढ़ संकल्प करते हैं।

"तुम्हारी इच्छाओं की शक्ति में एक जादुई शक्ति है। सोने के पाँच नियमों के अपने ज्ञान के साथ इस शक्ति का मार्गदर्शन करें और आप बेबीलोन के खज़ाने को साझा करेंगे।"

बेबीलोन का स्वर्ण ऋणदाता

पचास सोने के सिक्के! पहले कभी भी रोडन, जो प्राचीन बेबीलोन का भाला बनाने वाला था, ने अपनी चमड़े की थैली में इतना सोना नहीं रखा था। खुशी–खुशी वह राजा के महल से राजमार्ग पर चला जा रहा था। हर कदम पर उसकी कमर पर बंधी थैली के हिलने से सोने के सिक्के खनक रहे थे। यह सबसे प्यारी ध्वनि थी जो उसने कभी सुनी थी।

पचास सोने के सिक्के! सब उसके! उसे अपनी इस बड़ी किस्मत पर विश्वास ही नहीं हो रहा था। कितनी शक्ति है इन खनकते हुए सिक्कों में! वे कुछ भी खरीद सकते थे, जो वह चाहता था, एक बड़ा घर, जमीन, गाय–भैंस, ऊँट, घोड़े, रथ – जो भी वह चाह सकता था।

वह कुछ और नहीं सोच पा रहा था जो वह पाना चाहता हो, सिवाय उन चमचमाते, भारी सोने के सिक्कों के – जो अब उसके थे रखने के लिए।

कुछ दिनों बाद एक शाम रोडन उलझन में मैथोन की दुकान पर आया। मैथोन सोना उधार देने वाला और गहनों व कीमती कपड़ों का व्यापारी था। रोडन ने दुकान में रखी रंग–बिरंगी चीजों की तरफ न दाएँ देखा, न बाएँ। वह सीधे पीछे के रहने वाले कमरे में चला गया। वहाँ उसने मैथोन को एक कालीन पर आराम से बैठे देखा। मैथोन का एक अश्वेत नौकर उसे खाना परोस रहा था, जिसे वह खा रहा था।

"मैं तुमसे सलाह लेना चाहता हूँ क्योंकि मुझे समझ नहीं आ रहा कि क्या करूँ। रोडन सीधे खड़ा था, पैर थोड़े खुले हुए थे, और उसकी चमड़े की जैकेट के खुले हिस्से से उसका बालों वाला सीना दिखाई दे रहा था।

मैथोन का पतला, पीला चेहरा एक दोस्ताना मुस्कान के साथ चमक उठा। मैथोन ने मुस्कुराते हुए दोस्ताना तरीके से रोडन का स्वागत किया। तुमने कौन सी गलती कर दी है, ''जो अब सोना उधार देने वाले के पास आना पड़ा? क्या तुम खेल की बाजी में हार गए हो? या कोई गोल–मटोल महिला ने तुम्हें फंसा लिया है? मैं तुम्हें कई सालों से जानता हूँ, पर कभी तुमने मुझसे अपनी मुश्किलों में मदद नहीं मांगी।''

''नहीं, नहीं। ऐसी कोई बात नहीं है। मैं सोना नहीं चाहता। बल्कि, मैं तुम्हारी समझदारी भरी सलाह चाहता हूँ।''

''सुनो! सुनो! यह आदमी क्या कह रहा है। कोई भी सोना उधार देने वाले के पास सलाह के लिए नहीं आता। शायद मेरे कान मुझे धोखा दे रहे हैं।''

''नहीं वे सच सुन रहे हैं।''

क्या यह सच हो सकता है? भाला बनाने वाला रोडन बाकी सबसे अधिक समझदार है, क्योंकि वह मैथोन के पास सोना नहीं, बल्कि सलाह लेने आया है। बहुत से लोग मुझसे अपनी बेवकूफियों की कीमत चुकाने के लिए सोना लेने आते हैं, लेकिन सलाह कोई नहीं चाहता। फिर भी, सलाह देने में कौन ज्यादा सक्षम हो सकता है उस सोना उधार देने वाले से, जिसके पास बहुत से लोग अपनी मुश्किलों में आते हैं?

''तुम मेरे साथ खाना खाओगे, रोडन,'' मैथोन ने आगे कहा। "तुम आज शाम मेरे मेहमान रहोगे।" "अंडोल," उसने अश्वेत नौकर से कहा, ''मेरे दोस्त, भाला बनाने वाले, रोडन के लिए एक कालीन बिछाओ, जो सलाह लेने आया है। वह आज मेरा आदरणीय मेहमान रहेगा। उसके लिए बहुत सारा खाना लाओ और मेरा सबसे बड़ा प्याला भी लाओ। सबसे अच्छी शराब चुनो ताकि उसे पीने में पूरी संतुष्टि मिले।'

"अब मुझे बताओ, तुम्हें क्या परेशानी है?"

"यह राजा का उपहार है।"

"राजा का उपहार? राजा ने तुम्हें उपहार दिया और वही तुम्हें परेशानी दे रहा है? कैसा उपहार है यह?"

"क्योंकि वह मेरे द्वारा बनाई गई नई भाले की नोक के डिजाइन से बहुत खुश था, जो मैंने राजकीय सुरक्षा प्रहरी के लिए तैयार की थी।"

"हर घंटे, जब सूरज आसमान में सफर करता है, मुझसे लोग इसे बांटने के लिए मिन्नतें करते हैं।"

"यह स्वाभाविक है। अधिकतर लोग सोना चाहते हैं, भले ही उनके पास न हो, और वे चाहते हैं कि जो कोई इसे आसानी से पा ले, वह इसको बांट दे। लेकिन क्या तुम 'नहीं' नहीं कह सकते? क्या तुम्हारी इच्छा शक्ति तुम्हारे मुट्ठी जितनी मजबूत नहीं है?"

"बहुत लोगों को मैं 'नहीं' कह सकता हूँ, लेकिन कभी–कभी 'हाँ' कहना आसान लगता है। क्या कोई अपनी बहन से मना कर सकता है, जिसे वह बहुत प्यार करता हो?"

"निश्चित ही, तुम्हारी अपनी बहन तुम्हें अपने इनाम का आनंद लेने से वंचित नहीं करना चाहेगी।"

"लेकिन यह सोना अरामन के लिए है, जो मेरी बहन का पति है। वह चाहती है कि अरामन एक अमीर व्यापारी बन जाए। वह सोचती है कि उसे कभी अच्छा मौका नहीं मिला और इसीलिए वह मुझसे कहती है कि मैं उसे यह सोना उधार दे दूँ, ताकि वह एक सफल व्यापारी बन सके और अपने मुनाफे से मुझे इस सोने को वापस कर सके।"

"मेरे दोस्त," मैथोन ने बात आगे बढ़ाई, "तुम एक अच्छा मुद्दा लेकर आए हो जिस पर हम बात कर सकते हैं। सोना अपने मालिक के लिए जिम्मेदारी लाता है और लोगों के बीच उसकी स्थिति को बदल देता है। सोना लाने से डर भी आता है, जैसे कहीं वह सोना खो न जाए या कोई उसे धोखा देकर ले न जाए। यह एक शक्ति का अहसास भी कराता है और दूसरों की मदद करने की शक्ति भी प्रदान करता है। लेकिन इसी के साथ–साथ यह सोना ऐसे अवसर

भी लाता है, जिनसे उसकी अच्छी कोशिशें भी उसे मुश्किल में डाल सकती हैं।

"क्या तुमने कभी नीनवे के किसान के बारे में सुना है, जो जानवरों की भाषा समझ सकता था? मुझे नहीं लगता, क्योंकि यह ऐसी कहानी नहीं है जिसे लोग कांस्य की ढलाई करने वाली जगह पर सुनाना पसंद करते हैं। मैं तुम्हें यह कहानी सुनाऊँगा क्योंकि तुम्हें यह जानना चाहिए कि उधार देने और लेने में सिर्फ सोना एक से दूसरे के हाथ में जाने की बात नहीं होती।

"एक किसान था, जो जानवरों की भाषा समझ सकता था। वह हर शाम अपने खेत के आँगन में रुक कर जानवरों की बातें सुनता था। एक शाम उसने बैल को गधे से अपनी मुश्किलों के बारे में शिकायत करते हुए सुना। बैल ने कहा, 'मैं सुबह से लेकर रात तक हल खींचता हूँ। चाहे दिन कितना भी गर्म हो, चाहे मेरे पैर कितने भी थक जाएँ, चाहे हल की रगड़ से मेरे गले को कितना भी दर्द हो, मुझे फिर भी काम करना पड़ता है। लेकिन तुम तो आराम करने वाले जानवर हो। तुम्हें एक रंग–बिरंगा कंबल पहनाया जाता है और तुम सिर्फ हमारे मालिक को जहाँ वह चाहे वहाँ ले जाते हो। जब मालिक कहीं नहीं जाता, तो तुम सारा दिन आराम करते हो और हरी घास खाते हो।'

"गधा, जो भले ही अपने गुस्से में लात मारने की आदत के लिए जाना जाता हो, असल में एक अच्छा दोस्त था और उसने बैल की परेशानी समझी। उसने कहा, ''मेरे प्यारे दोस्त, तुम सच में बहुत मेहनत करते हो और मैं तुम्हारी मदद करना चाहता हूँ। इसलिए मैं तुम्हें एक तरीका बताऊँ जिससे तुम्हें एक दिन का आराम मिल सके। जब सुबह नौकर तुम्हें हल खींचने के लिए ले जाने आए, तब तुम जमीन पर लेट जाओ और जोर–जोर से आवाज करो, ताकि वह समझे कि तुम बीमार हो और काम नहीं कर सकते।'

"बैल ने गधे की सलाह मान ली और अगले दिन सुबह जब नौकर आया, तो उसने किसान से जाकर कहा कि बैल बीमार है और हल नहीं खींच सकता।

"'तो,' किसान ने कहा, 'गधे को हल से जोत दो क्योंकि हल चलाना जारी रखना है।'

"उस पूरे दिन गधे को, जो केवल अपने दोस्त की मदद करना चाहता था, बैल का काम करना पड़ा। जब रात हुई और उसे हल से छुटकारा मिला, तो उसका दिल उदास था, उसके पैर थक चुके थे, और उसके गले में जुए की रगड़ से दर्द हो रहा था।

"किसान खलिहान में सुनने के लिए रुका।

"सबसे पहले बैल ने बोलना शुरू किया। बैल ने कहा, 'तुम मेरे अच्छे दोस्त हो। तुम्हारी समझदारी भरी सलाह की वजह से मुझे एक दिन आराम करने का मौका मिला।'

"गधे ने जवाब में कहा, 'और मैं, कई लोगों की तरह, एक सीधा–सादा जानवर हूँ जो दोस्त की मदद करने की कोशिश करता है, लेकिन आखिर में उसका काम स्वयं करने लगता है। आगे से तुम अपना हल खुद खींचना, क्योंकि मैंने मालिक को नौकर से कहते सुना था कि अगर तुम फिर से बीमार हुए तो कसाई को बुला लिया जाएगा। काश ऐसा ही हो, क्योंकि तुम बहुत आलसी हो।' इसके बाद उन्होंने एक–दूसरे से कोई बात नहीं की और उनकी दोस्ती यहीं खत्म हो गई। मैथोन ने रोडन से पूछा, क्या तुम इस कहानी की शिक्षा समझ सकते हो?"

"यह अच्छी कहानी है," रोडन ने जवाब दिया, "लेकिन मैं इसकी शिक्षा समझ नहीं पा रहा हूँ।"

"मुझे पता था कि शायद तुम इसे समझ नहीं पाओगे। लेकिन इसमें एक बहुत सरल शिक्षा है। बस यह है : अगर तुम अपने दोस्त की मदद करना चाहते हो, तो ऐसी मदद करो जिससे तुम्हारे ऊपर उसका बोझ न आ जाए।"

"मैंने इस बारे में नहीं सोचा था। यह एक समझदारी भरी शिक्षा है। मैं अपनी बहन के पति का बोझ अपने ऊपर नहीं लेना चाहता। लेकिन मुझे बताओ। तुम बहुत लोगों को उधार देते हो। क्या वे लोग उधार नहीं चुकाते हैं?"

मैथोन मुस्कुराया, जैसे कोई बहुत अनुभवी इंसान मुस्कुराता है। उसने कहा, "अगर उधार लेने वाला उसे वापस ना कर सके, तो क्या वह उधार सही होगा? उधार देने वाले को समझदार होना चाहिए और यह समझना चाहिए कि उसका सोना उधार लेने वाले के लिए फायदेमंद साबित होगा और उसे फिर से वापस मिल पाएगा या नहीं। या फिर ऐसा तो नहीं होगा कि वह सोना सही तरीके से इस्तेमाल न कर पाए और उसका सारा खजाना खत्म हो जाए, और उधार लेने वाले पर ऐसा कर्ज चढ़ जाए जिसे वह चुका न सके। मैं तुम्हें अपने सांकेतिक संदूक (निशानी का बक्सा) दिखाऊँगा और उसके अंदर की चीजें तुम्हें उनकी कहानियाँ खुद बतायेंगी।"

वह कमरे में एक संदूक लेकर आया, जो उसकी बाजू जितना लंबा था। संदूक लाल रंग के चमड़े से ढका हुआ था और उस पर कांसे की सजावट थी। उसने संदूक को फर्श पर रखा और उसके सामने बैठ गया, दोनों हाथ संदूक के ढक्कन पर रखे हुए।

"मैं हर उस व्यक्ति से, जिसे मैं उधार देता हूँ, एक निशानी लेता हूँ और उसे अपने सांकेतिक संदूक (निशानी के बक्से) में रखता हूँ। यह निशानी तब तक संदूक में रहती है जब तक वह उधार वापस नहीं कर देता। जब वे उधार चुकाते हैं, तो मैं उन्हें वह निशानी वापस दे देता हूँ। लेकिन अगर वे कभी उधार नहीं चुकाते, तो वह निशानी मुझे हमेशा याद दिलाती है कि वे मेरे भरोसे के लायक नहीं थे।

"सांकेतिक संदूक मुझे बताता है कि सबसे सुरक्षित उधार वे होते हैं जिन्हें ऐसे लोगों को दिया जाता है जिनके पास पहले से बहुत कीमती चीजें होती हैं। जैसे उनकी जमीनें, गहने, ऊँट या दूसरी चीजें जिन्हें बेचकर वे उधार चुका सकते हैं। कुछ लोग मुझे गहने देते हैं जो उधार की रकम से भी अधिक मूल्यवान होते हैं। कुछ लोग मुझसे यह वादा करते हैं कि यदि वे तय समय पर उधार नहीं चुका पाए, तो वे मुझे अपनी कुछ संपत्ति देंगे। ऐसे उधारों पर मुझे पूरा भरोसा होता है कि मेरा सोना मुझे वापस मिलेगा और साथ में किराया भी मिलेगा, क्योंकि वह उधार किसी संपत्ति के आधार पर होता है।

''दूसरे प्रकार के वे लोग होते हैं जो कमाने की क्षमता रखते हैं। ये लोग तुम्हारे जैसे होते हैं, जो मेहनत करते हैं या किसी काम में सेवा करते हैं और बदले में पैसा कमाते हैं। इनके पास आमदनी होती है, और अगर वे ईमानदार हों और उन्हें कोई बड़ी मुश्किल न आए, तो मुझे विश्वास होता है कि वे भी मेरे उधार दिए गए सोने को और उसके किराये को चुका सकते हैं। ऐसे उधार इंसान की मेहनत पर आधारित होते हैं।''

''और कुछ लोग ऐसे होते हैं जिनके पास न तो कोई संपत्ति होती है और न ही कमाने की निश्चित क्षमता। जीवन कठिन है और हमेशा कुछ लोग ऐसे रहेंगे जो इससे तालमेल नहीं बैठा पाते। अफसोस है कि मैं उन्हें भी उधार देता हूँ, भले ही वह बहुत छोटी रकम क्यों न हो। मेरा सांकेतिक संदूक मुझे आने वाले सालों में यह याद दिला सकता है कि यह उधार देना ठीक नहीं था, जब तक कि इसे उधार लेने वाले के अच्छे दोस्तों द्वारा गारंटी न दी गई हो, जो उसे ईमानदार समझते हों।''

मैथोन ने संदूक की कुंडी खोलकर ढक्कन खोला। रोडन उत्सुकता से आगे झुक गया।

संदूक के ऊपर एक कांसे का हार एक लाल कपड़े पर रखा हुआ था। मैथोन ने उसे उठाया और प्यार से थपथपाया। उसने कहा, ''यह हमेशा मेरे सांकेतिक संदूक में रहेगा क्योंकि इसका मालिक अब इस दुनिया में नहीं है। मैं इसे संभाल कर रखता हूँ, यह उसकी निशानी है, और मुझे उसकी याद बहुत प्यारी है, क्योंकि वह मेरा अच्छा दोस्त था। हम दोनों ने साथ मिलकर बहुत सफल व्यापार किया, जब तक कि वह पूरब से एक महिला को शादी के लिए नहीं ले आया। वह बहुत सुंदर थी, लेकिन हमारी औरतों जैसी नहीं थी। वह बहुत चमक–दमक वाली थी। उसने अपनी पत्नी की इच्छाओं को पूरा करने के लिए अपना सोना बहुत खर्च किया। जब उसका सारा सोना खत्म हो गया, तब वह परेशानी में मेरे पास आया। मैंने उससे बात की और उसे सलाह दी कि मैं उसकी मदद करूँगा ताकि वह

फिर से अपने हालात पर काबू पा सके। उसने ''महान बैल'' के नाम पर कसम खाई कि वह ऐसा करेगा। लेकिन ऐसा नहीं हो सका। एक झगड़े में उसकी पत्नी ने उस पर चाकू से वार कर दिया और उसका हृदय विदीर्ण कर दिया, जब उसने उसे ऐसा करने की चुनौती दी।''

''और वह महिला?'' रोडन ने पूछा।

''हाँ, बिल्कुल, यह उसी का है।'' मैथोन ने लाल कपड़ा उठाते हुए कहा। ''गहरे पछतावे में उसने स्वयं को फरात नदी में फेंक दिया। ये दोनों उधार कभी वापस नहीं मिल पाएंगे। यह संदूक तुम्हें बताता है, रोडन, कि जब लोग बड़ी भावनात्मक तकलीफ में होते हैं, तो वे सोना उधार देने के लिए सुरक्षित नहीं होते।

''यह देखो! ये थोड़ी अलग है।'' मैथोन ने एक बैल की हड्डी से बनी अँगूठी उठाई। ''यह एक किसान की अंगूठी है। मैं उसकी औरतों से कालीन खरीदता हूँ। एक बार टिड्डियों ने उनकी फसल बर्बाद कर दी और उनके पास खाने को कुछ भी नहीं बचा। तब मैंने उसकी मदद की, और जब नई फसल तैयार हुई, तो उसने मेरा उधार वापस चुका दिया। बाद में वह फिर से मेरे पास आया और उसने दूर देश की बकरियों के बारे में बताया, जैसा कि एक यात्री ने उसे बताया था। उन बकरियों के बाल बहुत लंबे, मुलायम और अच्छे थे। उनसे ऐसे सुंदर कालीन बन सकते थे, जो बेबीलोन में कभी नहीं देखे गए थे। वह बकरियों का समूह खरीदना चाहता था, लेकिन उसके पास पैसे नहीं थे। इसलिए मैंने उसे यात्रा करने और बकरियाँ लाने के लिए सोना उधार दिया। अब उसका बकरियों का समूह बनना शुरू हो गया है, और अगले साल मैं बेबीलोन के अमीर लोगों को सबसे महँगे और अच्छे कालीन बेचकर हैरान कर दूँगा। जल्दी ही मुझे उसकी अँगूठी वापस करनी होगी, क्योंकि वह जोर देकर कहता है कि वह जल्दी उधार चुका देगा।"

''कुछ लोग सच में ऐसे होते हैं जो उधार जल्दी चुका देते हैं?'' रोडन ने पूछा।

''अगर वे उधार ऐसे कार्य के लिए लेते हैं जिससे उन्हें पैसा वापस मिल सके, तो ऐसा होता है। लेकिन अगर वे अपनी गलतियों

की वजह से उधार लेते हैं, तो मैं तुम्हें चेतावनी देता हूँ कि सावधान रहना चाहिए, अगर तुम अपना सोना वापस प्राप्त करना चाहते हो।''

''मुझे इसके बारे में बताओ,'' रोडन ने कहा और उसने एक भारी सोने का कंगन उठाया, जिसमें दुर्लभ डिज़ाइन के रत्न जड़े हुए थे।

मैथोन ने मजाक करते हुए कहा, ''महिलाओं को मेरे अच्छे दोस्त में दिलचस्पी है।''

रोडन ने जवाब दिया, ''मैं अभी तुमसे बहुत छोटा हूँ।''

''यह मैं मानता हूँ, लेकिन इस बार तुम वहाँ प्यार की बात सोच रहे हो, जहाँ ऐसा कुछ नहीं है। इस कंगन की मालकिन मोटी और झुर्रियों वाली है और इतनी ज्यादा बातें करती है, लेकिन उनमें कुछ खास नहीं होता, कि वह मुझे पागल बना देती है। पहले उनके पास काफी पैसे थे और वे अच्छी ग्राहक थीं, लेकिन बुरा समय आ गया। उनका एक बेटा है जिसे वे व्यापारी बनाना चाहती हैं। इसलिए वे मेरे पास आईं और सोना उधार लिया ताकि उनका बेटा ऊँटों के एक कारवां मालिक का साझेदार बन सके, जो एक शहर से दूसरे शहर जाकर सामान का व्यापार करता है।

''वह आदमी धोखेबाज निकला क्योंकि उसने उस बेचारे लड़के को एक दूर शहर में बिना पैसे और बिना दोस्तों के छोड़ दिया। वह जल्दी निकल गया जब वह लड़का सो रहा था। शायद जब यह लड़का बड़ा होकर समझदार बन जाएगा, तब वह उधार चुका सकेगा। तब तक मुझे उधार के बदले में कोई पैसा नहीं मिलेगा—सिर्फ बहुत सारी बातें सुनने को मिलती हैं। लेकिन मुझे मानना पड़ेगा कि इन गहनों की कीमत उधार देने लायक है।''

''क्या इस महिला ने तुमसे इस उधार के बारे में सलाह ली थी कि यह समझदारी भरा है या नहीं?''

''बिलकुल नहीं। उसने अपने बेटे को बेबीलोन का अमीर और ताकतवर व्यक्ति बनते हुए अपने मन में देख लिया था। अगर मैं कुछ अलग कहता तो वह बहुत गुस्सा हो जाती। मुझे उसकी डाँट भी सहनी पड़ी। मुझे पता था कि इस अनुभवहीन लड़के के लिए यह

जोखिम भरा हो सकता है, लेकिन उसने गहने को सुरक्षा के रूप में दिया था, इसलिए मैं उसे मना नहीं कर पाया।

मैथोन ने एक रस्सी का टुकड़ा दिखाते हुए कहा, यह तो "नेबतुर का है, जो ऊँटों का व्यापारी है। जब वह अपने पास के पैसों से ज्यादा ऊँट खरीदना चाहता है, तो वह यह रस्सी की गाँठ मेरे पास लाता है और मैं उसे उसकी जरूरत के हिसाब से उधार दे देता हूँ। नेबतुर एक समझदार व्यापारी है, और मुझे उस पर विश्वास है, इसलिए मैं उसे आसानी से उधार दे सकता हूँ। बेबीलोन के कई और व्यापारी भी ईमानदार और भरोसेमंद हैं, इसलिए वे मुझसे उधार लेते रहते हैं और उनकी निशानियाँ मेरे संदूक में आती–जाती रहती हैं। अच्छे व्यापारी हमारे शहर के लिए बहुत महत्वपूर्ण होते हैं, और मुझे उन्हें मदद प्रदान करने में खुशी होती है ताकि बेबीलोन का व्यापार चलता रहे और हमारा शहर उन्नति करे।"

मैथोन ने एक फिरोजी पत्थर से बने एक पतंगे की मूर्ति निकाली और गुस्से में उसे फर्श पर पटक दिया। उसने कहा, "यह मिस्र से आया हुआ पतंगा है। इसका मालिक एक लड़का जो इस बात की चिंता नहीं करता कि मैं अपना सोना वापस पाऊँगा या नहीं। जब मैं उससे शिकायत करता हूँ, तो वह कहता है, 'मैं कैसे चुकाऊँ, जब मेरी किस्मत ही खराब चल रही है? आपके पास तो और भी बहुत सारा सोना है।' मैं क्या कर सकता हूँ? यह निशानी उसके पिता की है–जो एक अच्छे आदमी थे, जिनके पास ज्यादा साधन नहीं थे। उन्होंने अपने बेटे के काम के लिए अपनी जमीन और पशु गिरवी रख दिए थे। पहले तो उस लड़के को सफलता मिली लेकिन फिर उसने बहुत जल्दी अमीर बनने की कोशिश में गलती कर दी। उसकी समझदारी अभी पूरी तरह से विकसित नहीं थी। उसका काम बिगड़ गया। युवा लोग बहुत महत्वाकांक्षी होते हैं। वे जल्द से जल्द अमीर बनना चाहते हैं और बिना सोचे–समझे शॉर्टकट अपनाते हैं। जल्दी से अमीर बनने के लिए वे अक्सर बिना ठीक से सोचे उधार ले लेते हैं।'

"युवा लोग, जिनके पास अनुभव नहीं होता, यह नहीं समझ पाते कि कर्ज में फँस जाना ऐसा है जैसे एक गहरे गड्ढे में गिरना। इसमें आप बहुत जल्दी गिर सकते हैं, लेकिन बाहर निकलने के लिए आपको कई दिनों तक कोशिश करनी पड़ती है। यह गड्ढा दुःख और पछतावे से भरा होता है, जिसमें सूरज की रोशनी गायब हो जाती है और रातें बेचैनी में कटती हैं। फिर भी, मैं उधार लेने से हतोत्साहित नहीं करता। मैं इसकी हिम्मत बढ़ाता हूँ, अगर वह किसी समझदारी भरे काम के लिए हो। मैंने स्वयं अपना पहला बड़ा व्यापार उधार के सोने से ही शुरू किया था।'

"लेकिन, ऐसे मामले में उधार देने वाले को क्या करना चाहिए? वह लड़का निराश है और कुछ भी नहीं कर पा रहा है। वह हिम्मत हार चुका है और उधार चुकाने की कोई कोशिश नहीं कर रहा। मेरा दिल यह सोचकर दुःखी हो जाता है कि उसके पिता से उनकी जमीन और पशु छीन लिए जाएँ।"

"आपने मुझे बहुत कुछ बताया, जो मेरे लिए दिलचस्प है," रोडन ने कहा, "लेकिन मुझे मेरे सवाल का जवाब नहीं मिला। क्या मुझे अपने पचास सोने के सिक्के अपनी बहन के पति को उधार देने चाहिए? ये सिक्के मेरे लिए बहुत मायने रखते हैं।"

"तुम्हारी बहन बहुत ही नेक और सम्मानित महिला है, जिसे मैं बहुत मानता हूँ। अगर उसका पति मेरे पास आता और पचास सोने के सिक्के उधार माँगता, तो मैं उससे पूछता कि वह इन सिक्कों का क्या उपयोग करेगा।

"अगर वह जवाब देता कि वह मेरी तरह व्यापारी बनना चाहता है और गहनों और कीमती सामान का व्यापार करना चाहता है, तो मैं कहता, 'तुम्हें व्यापार के तरीके के बारे में कितना ज्ञान है? क्या तुम्हें पता है कि सबसे कम कीमत पर कहाँ खरीद सकते हैं? क्या तुम्हें पता है कि सही कीमत पर कहाँ बेच सकते हैं?' क्या वह इन सवालों का जवाब 'हाँ' में दे सकता है?"

"नहीं, वह नहीं दे सकता," रोडन ने माना। "उसने भाले बनाने में मेरी बहुत मदद की है और दुकानों में भी कुछ काम किया है।"

"तब, मैं उससे कहता कि उसका इरादा समझदारी भरा नहीं है। व्यापारियों को अपना काम सीखना होता है। उसकी महत्वाकांक्षा भले ही अच्छी हो, लेकिन यह व्यावहारिक नहीं है, इसलिए मैं उसे कोई सोना उधार नहीं दूँगा।

"लेकिन मान लो, अगर वह कहे, 'हाँ, मैंने व्यापारियों की बहुत मदद की है। मुझे पता है कि स्मिर्ना कैसे जाना है और वहाँ घर की महिलाओं द्वारा बुने गए कालीन सस्ते में कैसे खरीदने हैं। मुझे बेबीलोन के कई अमीर लोगों का भी पता है, जिन्हें मैं इन्हें बड़े मुनाफे पर बेच सकता हूँ।' तब मैं कहता, 'तुम्हारा इरादा समझदारी भरा है और तुम्हारी महत्वाकांक्षा सम्मानजनक है। अगर तुम मुझे यह विश्वास दिला सको कि तुम उधार लौटाओगे, तो मैं खुशी से तुम्हें पचास सोने के सिक्के उधार दूँगा।' लेकिन अगर वह कहे, 'मेरे पास कोई सुरक्षा नहीं है, सिर्फ यही है कि मैं एक ईमानदार आदमी हूँ और उधार के बदले में अच्छा पैसा चुका दूँगा।' तब मैं जवाब देता, 'मेरे लिए हर सोने का सिक्का बहुत कीमती है। अगर स्मिर्ना जाते समय डाकू तुमसे यह सोना छीन लें या वापस आते समय कालीन छीन लें, तो तुम्हारे पास मुझे वापस चुकाने का कोई तरीका नहीं होगा और मेरा सोना खो जाएगा।'

"देखो, रोडन, सोना पैसे उधार देने वाले का सामान होता है। इसे उधार देना आसान है, लेकिन यदि इसे समझदारी से उधार न दिया जाए, तो इसे वापस पाना बहुत मुश्किल हो सकता है। समझदार व्यक्ति उधार देने वाले का जोखिम नहीं लेना चाहता, बल्कि वह सुरक्षित तरीके से उधार की वापसी की गारंटी चाहता है।"

"यह अच्छी बात है," मैथोन ने कहा, "हम उन लोगों की मदद करें जो मुसीबत में हैं। यह भी अच्छी बात है कि हम उनकी मदद करें जिन पर किस्मत ने भारी हाथ रखा है। यह अच्छी बात है कि हम उन लोगों की मदद करें जो शुरू कर रहे हैं ताकि वे आगे बढ़ सकें और अच्छे नागरिक बन सकें। लेकिन मदद समझदारी से की जानी चाहिए, वरना किसान के गधे की तरह, मदद करने की चाह में हम दूसरों का बोझ खुद पर ले लेते हैं।

"मैं फिर से तुम्हारे सवाल से भटक गया, रोडन, लेकिन अब मेरा जवाब सुनो : अपने पचास सोने के सिक्के अपने पास रखो। जो तुम्हारी मेहनत से तुम्हें मिले हैं और जो उपहार के रूप में तुम्हें दिए गए हैं, वे तुम्हारे अपने हैं। कोई भी तुम्हें उसे देने के लिए विवश नहीं कर सकता, जब तक कि तुम स्वयं ऐसा न चाहो। अगर तुम इसे उधार देना चाहते हो ताकि इससे तुम्हें और सोना कमाकर मिल सके, तो इसे सावधानी से और कई जगहों पर उधार दो। मुझे सोना खाली पड़े रहना अच्छा नहीं लगता, लेकिन मुझे बहुत ज्यादा संकट उठाना भी पसंद नहीं है।"

"तुमने भाला बनाने वाले के तौर पर कितने साल काम किया है?"

"पूरे तीन साल।"

"राजा के उपहार के अलावा तुमने और कितना बचाया है?"

"तीन सोने के सिक्के।"

"तुमने हर साल काम करके अपनी आमदनी से एक–एक सोने का सिक्का बचाया है और इसके लिए तुमने कई अच्छी चीजों का त्याग किया है?"

"जैसा तुम कह रहे हो, वैसा ही है।"

"तो, अगर तुम इसी तरह काम करते रहे, तो पचास साल में तुम पचास सोने के सिक्के बचा सकते हो, अपने त्याग से?"

"यह तो पूरी जिंदगी की मेहनत होगी।"

"क्या तुम्हें लगता है कि तुम्हारी बहन चाहेगी कि उसके पति के व्यापारी बनने के प्रयोग के लिए तुम अपनी पचास सालों की मेहनत की बचत को संकट में डालो?"

"नहीं, अगर मैं तुम्हारी बातों में समझाऊँ तो नहीं।"

"अपनी बहन के पास जाओ और कहो : 'तीन साल से मैंने रोज मेहनत की है, उपवास के दिनों को छोड़कर, सुबह से रात तक, और मैंने अपनी कई इच्छाओं को छोड़ दिया है। हर साल की मेहनत और त्याग के बदले में मैंने एक सोने का सिक्का बचाया है। तुम मेरी प्यारी बहन हो और मैं चाहता हूँ कि तुम्हारे पति को व्यापार में कामयाबी

मिले और वह आगे बढ़े। अगर वह मुझे एक योजना दिखा सके, जो मेरे दोस्त मैथोन को समझदारी भरी और सही लगे, तो मैं खुशी से अपनी एक साल की पूरी बचत उसे उधार दे दूँगा ताकि उसे अपने आपको साबित करने का मौका मिले।' ऐसा कहो, और अगर उसके अंदर सफल होने की इच्छा और काबिलियत है, तो वह इसे साबित कर पाएगा। अगर वह असफल भी हो जाता है, तो भी उसे इतना कर्ज नहीं चुकाना पड़ेगा जिसे वह किसी दिन वापस न कर सके।

"मैं सोना ऋण के रूप में उधार देता हूँ क्योंकि मेरे पास इतना सोना है कि मैं उसे अपने व्यापार में पूरी तरह से इस्तेमाल नहीं कर सकता। मैं चाहता हूँ कि मेरे पास जो अतिरिक्त सोना है, वह दूसरों के लिए काम करे और उससे मुझे और भी सोना मिले। मैं नहीं चाहता कि मेरा सोना खो जाए, क्योंकि मैंने इसे पाने के लिए बहुत मेहनत की है और कई चीजों का त्याग किया है। इसलिए अब मैं किसी को उधार नहीं दूँगा जब तक मुझे पूरा विश्वास न हो कि मेरा सोना सुरक्षित है और मुझे वापस मिल जाएगा। और मैं किसी को तब तक उधार नहीं दूँगा जब तक मुझे यह विश्वास न हो कि उससे कमाई हुई रकम मुझे समय पर मिल जाएगी।

"रोडन, मैंने तुम्हें अपने सांकेतिक संदूक के कुछ रहस्य बताए हैं। इनसे तुम समझ सकते हो कि लोग कितने कमजोर होते हैं और वे कितना जल्दी उधार लेना चाहते हैं, जबकि उनके पास इसे वापस करने का कोई मजबूत आधार नहीं होता। इससे तुम देख सकते हो कि कई बार लोग सोचते हैं कि अगर उनके पास सोना हो तो वे बहुत कमाई कर सकते हैं, लेकिन यह उनकी झूठी उम्मीदें होती हैं। उनके पास इसे पूरा करने की न तो क्षमता होती है और न ही सही प्रशिक्षण।'

"रोडन, अब तुम्हारे पास सोना है, जिसे तुम्हें और सोना कमाने के लिए इस्तेमाल करना चाहिए। तुम अब मेरे जैसे ही सोना उधार देने वाले बनने जा रहे हो। अगर तुम अपने इस खजाने को सुरक्षित रखोगे, तो यह तुम्हारे लिए अच्छी कमाई करेगा और तुम्हारे जीवन में खुशियों और लाभ का स्रोत बनेगा। लेकिन यदि तुम इसे गँवा दोगे,

तो यह हमेशा के लिए दुःख और पछतावे का कारण बन जाएगा जब तक तुम्हें याद रहेगी।''

''तुम इस सोने से सबसे ज्यादा क्या चाहते हो?''

''इसे सुरक्षित रखना।''

''बहुत समझदारी से कहा,'' मैथोन ने सहमति में जवाब दिया। ''तुम्हारी पहली इच्छा इसे सुरक्षित रखने की है। क्या तुम्हें लगता है कि तुम्हारी बहन के पति की देखरेख में यह सच में सुरक्षित रहेगा और किसी भी नुकसान से बचा रहेगा?''

''मुझे डर है कि नहीं, क्योंकि वह सोने की सुरक्षा में समझदार नहीं है।''

''इसलिए भावनाओं में आकर अपना खजाना किसी और के भरोसे मत छोड़ो। अगर तुम अपने परिवार या दोस्तों की मदद करना चाहते हो, तो ऐसे तरीके अपनाओ जिनमें तुम्हारे सोने के खोने का खतरा न हो। यह याद रखना कि सोना आसानी से फिसल सकता है, खासकर उन लोगों के हाथ से जिन्हें इसे सुरक्षित रखना नहीं आता। अगर तुम अपना सोना दूसरों को दोगे और वे इसे खो देंगे, तो यह ठीक वैसे ही है जैसे इसे बेवजह बर्बाद कर देना।''

''सुरक्षा के बाद, तुम अपने इस खजाने से और क्या चाहते हो?''

''कि यह और सोना कमाए।''

''एक बार फिर तुमने समझदारी से बात की है। सोने को कमाने के लिए लगाना चाहिए ताकि वह बढ़ सके। समझदारी से उधार दिया गया सोना स्वयं को बढ़ा सकता है और अपनी कमाई से दोगुना हो सकता है, इससे पहले कि तुम जैसे आदमी बूढ़े हो जाओ। अगर तुम इसे खोने का जोखिम उठाते हो, तो तुम इसके साथ–साथ उसकी सारी कमाई खोने का भी संकट उठा रहे हो।

''इसलिए उन लोगों की बेवकूफी भरी योजनाओं से प्रभावित मत हो, जो सोचते हैं कि वे तुम्हारे सोने से बहुत बड़ी कमाई कर सकते हैं। ऐसी योजनाएँ सिर्फ सपने देखने वालों की होती हैं, जिन्हें सुरक्षित और भरोसेमंद व्यापार के तरीकों की जानकारी नहीं होती। अपने सोने

से जितनी कमाई की उम्मीद करो, वह व्यावहारिक होनी चाहिए, ताकि तुम अपने खजाने को सुरक्षित रख सको और उसका आनंद ले सको। अगर तुम बहुत अधिक मुनाफे का लालच लेकर सोना उधार दोगे, तो यह नुकसान को बुलाने जैसा होगा।

"ऐसे लोगों और कामों से जुड़ने की कोशिश करो, जो पहले से सफल हैं, ताकि तुम्हारा खजाना उनकी समझदारी और अनुभव से सुरक्षित रहे और अच्छे मुनाफे की कमाई कर सके।

"इस तरह, तुम उन मुश्किलों से बच सकते हो जो अधिकतर लोगों के बेटों का पीछा करती हैं, जिनके पास भगवान ने सोना संभालने की जिम्मेदारी दी है।"

जब रोडन उसे उसकी समझदार सलाह के लिए धन्यवाद कहना चाहता था, तो उसने नहीं सुना और कहा, "राजा का उपहार तुम्हें बहुत ज्ञान सिखाएगा। अगर तुम अपने पचास सोने के सिक्के बचाए रखना चाहते हो, तो तुम्हें बहुत समझदार बनना पड़ेगा। बहुत सारे काम तुम्हें लुभाएँगे। तुम्हें बहुत सारी सलाह दी जाएगीं। तुम्हें बड़े लाभ के कई अवसर भी मिलेंगे। मेरे सांकेतिक संदूक की कहानियाँ तुम्हें चेतावनी देती हैं कि सोने का कोई भी सिक्का अपनी थैली से निकालने से पहले यह पक्का कर लो कि उसे वापस लाने का सुरक्षित तरीका है। अगर तुम्हें मेरी आगे की सलाह अच्छी लगे, तो फिर से आना। मैं खुशी से दूँगा।

"जाने से पहले इसे पढ़ लो, जिसे मैंने अपने सांकेतिक संदूक के ढपकन के नीचे लिखा है। यह उधार लेने वाले और उधार देने वाले, दोनों पर समान रूप से लागू होता है।

थोड़ी सावधानी बड़े पछतावे से बेहतर है

बेबीलोन की दीवारें

बेबीलोन की प्राचीन दीवारों के शीर्ष की ओर जाने वाले रास्ते पर बूढ़ा बंजर, जो बीते दिनों का कठोर योद्धा था, पहरा दे रहा था। ऊपर, वीर योद्धा दीवारों की रक्षा करने के लिए लड़ रहे थे। इन पर इस महान शहर का भविष्य निर्भर था, जिसमें लाखों नागरिक रहते थे।

दीवारों के ऊपर से आक्रमणकारी सेनाओं की भीषण गर्जना प्रतिध्वनित हो उठी। असंख्य योद्धाओं की उग्र चीख–पुकार, दौड़ते हुए घोड़ों की टापों की गूंजती गड़गड़ाहट, और विशाल द्वार तोड़ने वाली वस्तु से कांस्य द्वारों पर पड़ने वाले प्रचंड प्रहार की कानों को भेदती कर्कश ध्वनि–इन सभी ने वातावरण को जैसे झकझोर कर रख दिया था, मानो पूरी धरती काँप उठी हो।

द्वार के पीछे वाली गली में भालेधारी सैनिक आराम से खड़े थे, दरवाज़ा टूट जाने पर वे प्रवेश द्वार की रक्षा करने के लिए तैयार थे। यह कार्य बहुत कठिन था क्योंकि उनकी संख्या बहुत कम थी। बेबीलोन की मुख्य सेना अपने राजा के साथ, दूर पूर्व दिशा में, एलामियों के खिलाफ एक बड़े अभियान पर गई हुई थी। उनकी अनुपस्थिति में शहर पर किसी भी हमले की संभावना नहीं थी, इसलिए रक्षात्मक सेना भी कम थी। अचानक उत्तर दिशा से, शक्तिशाली असीरियाई सेनाएं आक्रमण करती हुई आ पहुँचीं। अब दीवारों को मजबूती से खड़ा रहना था, वरना बेबीलोन का अंत निश्चित था।

बंजर के चारों ओर नागरिकों की भारी भीड़ जमा थी, उनके चेहरे सफेद पड़ चुके थे और भय से काँप रहे थे, वे युद्ध से जुड़ी कोई भी खबर जानने को उत्सुक थे। मौन श्रद्धा और भय मिश्रित भावनाओं के साथ वे उन घायल और मृत सैनिकों की धारा को देख रहे थे जिन्हें उस रास्ते से बाहर लाया जा रहा था या सहारा देकर बाहर निकाला जा रहा था।

यहीं पर आक्रमण का निर्णायक बिंदु था। तीन दिन तक शहर के चारों ओर मंडराने के बाद, शत्रु ने अचानक अपनी समस्त शक्ति इस हिस्से और इस द्वार के विरूद्ध झोंक दी थी।

दीवार की ऊँचाई पर खड़े रक्षक वीरता से हमलावरों की चढ़ाई करने वाली मचानों और सीढ़ियों का सामना कर रहे थे। वे तीर, जलता हुआ तेल और यदि कोई शत्रु ऊपर तक पहुँच जाता, तो भाले से उसका प्रतिकार कर रहे थे। दूसरी ओर, रक्षकों के विरुद्ध शत्रुओं के हजारों धनुर्धारियों ने तीरों की घातक बौछार कर उन पर आक्रमण कर दिया था।

बूढ़े बंजर के पास युद्ध की स्थिति देखने का सर्वोत्तम स्थान था। वह संघर्ष के सबसे करीब था और उन्मत्त आक्रमणकारियों को हर बार पीछे धकेलने की सूचना सबसे पहले उसी तक पहुँचती थी।

एक बूढ़ा व्यापारी बंजर के पास भीड़ में घुस आया, उसके कंपकंपाते हाथ काँप रहे थे। "मुझे बताओ! मुझे बताओ!" वह गिड़गिड़ाने लगा। "वे अंदर नहीं आ सकते, है ना? मेरे बेटे अच्छे राजा के साथ युद्ध में गए हैं। मेरी बूढ़ी पत्नी की रक्षा करने वाला कोई नहीं है। मेरा सारा सामान, वे सब लूट लेंगे। मेरा भोजन, वे कुछ नहीं छोड़ेंगे। हम बूढ़े हैं, स्वयं की रक्षा करने के लिए बहुत बूढ़े–गुलामी करने के लिए भी बहुत बूढ़े। हम भूखे मर जाएंगे। हम मर जाएंगे। मुझे बताओ कि वे अंदर नहीं आ सकते।"

"शांत हो जाओ, अच्छे व्यापारी," पहरेदार ने उत्तर दिया। "बेबीलोन की दीवारें बहुत मजबूत हैं। बाजार लौट जाओ और अपनी पत्नी से कह दो कि ये दीवारें तुम्हारी और तुम्हारी सभी संपत्तियों की

उसी तरह रक्षा करेंगी जैसे ये राजा के अमूल्य खजाने की करती हैं। दीवारों के पास रहो, ताकि ऊपर से उड़ते तीर तुम्हें न लग जाएं!''

जैसे ही बूढ़ा व्यापारी पीछे हटा, एक महिला अपनी गोद में शिशु लिए उसकी जगह आ खड़ी हुई। ''सिपाही, ऊपर से क्या खबर है? मुझे सच्चाई बताओ ताकि मैं अपने गरीब पति को तसल्ली दे सकूँ। वह भयंकर घावों से पीड़ित है और तेज बुखार में पड़ा है, फिर भी अपने कवच और भाले पर जोर देता है ताकि मेरी रक्षा कर सके, मैं अब गर्भवती हूँ। वह कहता है कि अगर शत्रु अंदर घुस गए, तो उनकी प्रतिशोध की क्रूरता बेहद भयंकर होगी।''

''जो तुम अब माँ हो और फिर से माँ बनने जा रही हो, हृदय में साहस रखो। बेबीलोन की दीवारें तुम्हारी और तुम्हारे शिशुओं की रक्षा करेंगी। ये दीवारें ऊँची और सुदृढ़ हैं। क्या तुम हमारे वीर रक्षकों की गर्जना नहीं सुन रहीं, जब वे उबलते हुए तेल की कड़ाही सीढ़ियों पर चढ़ने वाले शत्रुओं पर उंडेल रहे हैं?''

''हाँ, मैं वह गर्जना सुन रही हूँ और साथ ही उन द्वार तोड़ने वाले उपकरणों की धमक भी सुन रही हूँ जो हमारे फाटकों पर प्रहार कर रहे हैं।''

''अपने पति के पास लौट जाओ। उनसे कहो कि द्वार मजबूत हैं और द्वार तोड़ने वाले उपकरणों का सामना कर रहा है। यह भी कह दो कि जो शत्रु दीवारों पर चढ़ने की कोशिश कर रहे हैं, उन्हें हमारे रक्षकों के भाले का सामना करना पड़ रहा है। सावधान रहना, और जल्दी से पास की इमारतों के पीछे शरण ले लो।''

बंजर ने सुदृढ़ और भारी हथियारों से सुसज्जित सैनिकों के लिए मार्ग प्रशस्त करने हेतु एक कदम पीछे खींचा। कांस्य की ढालों की खड़खड़ाहट और भारी कदमों की गूंज के साथ जैसे ही वे आगे बढ़े, एक छोटी बच्ची ने उसके कमरबंध को हल्के से छूकर खींच लिया।

''कृपया मुझे बताओ, सैनिक, क्या हम सुरक्षित हैं?'' उसने गिड़गिड़ाते हुए पूछा। ''मैं ये भयानक आवाजें सुन रही हूँ। मैं देखती

हूँ कि सभी लोग लहूलुहान हैं। मैं बहुत डरी हुई हूँ। हमारे परिवार का क्या होगा, मेरी माँ, मेरे छोटे भाई और उस छोटे बच्चे का क्या होगा?''

उस कठोर और अनुभवी बुजुर्ग योद्धा ने अपनी आँखें झपकाईं और अपनी ठुड्डी आगे कर ली जब उसने उस छोटी बच्ची को देखा।

''डरो मत, नन्ही बच्ची,'' उसने उसे दिलासा दिया। ''बेबीलोन की दीवारें तुम्हारी, तुम्हारी माँ, तुम्हारे छोटे भाई और उस बच्चे की रक्षा करेंगी। तुम्हारे जैसे लोगों की सुरक्षा के लिए ही अच्छी रानी सेमिरामिस ने इन्हें सौ साल पहले बनवाया था। कभी भी इन दीवारों को तोड़ा नहीं जा सका है। वापस जाओ और अपनी माँ, छोटे भाई और बच्चे से कहो कि बेबीलोन की दीवारें उनकी रक्षा करेंगी और उन्हें डरने की कोई आवश्यकता नहीं है।''

दिन–ब–दिन बूढ़ा बंजर अपनी चौकी पर खड़ा रहता और देखता कि कैसे नई टुकड़ियाँ उस रास्ते से ऊपर जातीं, वहाँ रुककर तब तक लड़ाई करतीं जब तक वे घायल होकर या मारे जाकर फिर नीचे नहीं लौटतीं। उसके चारों ओर लगातार भयभीत नागरिकों की भीड़ जुटती रहती है, जो यह जानने के लिए बेचैन रहते हैं कि क्या दीवारें उनकी रक्षा कर पाएंगी। हर किसी को वह एक बूढ़े सैनिक की गरिमा और आत्मविश्वास के साथ एक ही जवाब देता है, ''बेबीलोन की दीवारें तुम्हारी रक्षा करेंगी।''

तीन सप्ताह और पाँच दिन तक आक्रमण लगातार भयंकरता के साथ चलता रहा, मानो थमने का नाम ही नहीं ले रहा था। बंजर की ठुड्डी और भी सख्ती और कठोरता से कसती गई, जैसे ही पीछे का रास्ता, जो कई घायलों के खून से भीग चुका था, लगातार आने–जाने वाले सैनिकों के कदमों से कीचड़ में बदलता गया। हर दिन, मारे गए आक्रमणकारियों के शव दीवार के सामने ढेर लगते गए। हर रात, उनके साथी उन्हें वापस ले जाकर दफना देते। चौथे सप्ताह की पाँचवीं रात, बाहर का शोर धीरे–धीरे कम होने लगा। सुबह की पहली किरणों ने मैदानों को रोशन किया और पीछे हटती सेनाओं के कारण उठी धूल के विशाल बादल साफ दिखाई देने लगे।

रक्षकों की ओर से एक प्रचंड जयघोष गूंज उठा। उसकी गूंज और अर्थ में कोई संदेह नहीं था। इसे दीवारों के पीछे प्रतीक्षा कर रहे सैनिकों ने दोहराया। यह गूंज सड़कों पर खड़े नागरिकों ने भी दुहराई। यह पूरे शहर में तूफान जैसी तीव्रता से फैल गया।

लोग अपने घरों से बाहर उमड़ पड़े। सड़कों पर उमंग से भरी भीड़ का हुजूम उमड़ आया। सप्ताहों से भीतर दबा हुआ भय उस जंगली खुशी के कोरस में एक रास्ता पा गया था। बेल के मंदिर की ऊँची मीनार के शिखर से विजय की लपटें भड़क उठीं। नीले धुएं का एक खंभा आसमान की ओर उठने लगा, मानो इस विजय का संदेश दूर–दूर तक पहुँचाने के लिए।

बेबीलोन की दीवारों ने एक बार फिर एक शक्तिशाली और क्रूर शत्रु को पीछे धकेल दिया था, जो उसके अमूल्य खजानों को लूटने और उसके नागरिकों को दास बनाने और उनकी अस्मिता को नष्ट करने के लिए दृढ़ संकल्पित था।

बेबीलोन सदियों तक टिका रहा क्योंकि वह पूरी तरह सुरक्षित था। उसके पास असुरक्षित रहने का विकल्प ही नहीं था।

बेबीलोन की दीवारें मनुष्य की सुरक्षा की आवश्यकता और उसकी इच्छा का एक उत्कृष्ट उदाहरण थीं। यह सुरक्षा की चाह मानवजाति में स्वाभाविक रूप से विद्यमान है। यह चाह आज भी उतनी ही प्रबल है जितनी पहले थी, लेकिन अब हमने उसी उद्देश्य को पूरा करने के लिए और भी व्यापक और बेहतर योजनाएं विकसित कर ली हैं।

आज के समय में, बीमा की अभेद्य दीवारों, बचत खाते और भरोसेमंद निवेशों के पीछे, हम स्वयं को उन अप्रत्याशित विपत्तियों से सुरक्षित रख सकते हैं जो किसी भी दरवाजे से भीतर आ सकती हैं और किसी भी चूल्हे के सामने अपना स्थान बना सकती हैं।

हम पर्याप्त सुरक्षा के बिना नहीं रह सकते।

बेबीलोन का ऊँट व्यापारी

जैसे–जैसे भूख बढ़ती है, मन अधिक स्पष्ट रूप से काम करने लगता है–साथ ही भोजन की सुगंध के प्रति संवेदनशीलता भी बढ़ जाती है।

अजूर के पुत्र तरकद को निश्चित रूप से ऐसा ही महसूस हो रहा था। पूरे दो दिनों से उसने सिर्फ दो छोटे अंजीर खाए थे, जो उसने एक बगीचे की दीवार के ऊपर से चुराए थे। उससे पहले कि वह और उठा पाता, एक क्रोधित महिला बाहर आई और उसे सड़क पर दौड़ा लिया। उसकी तेज चीखें अब भी तरकद के कानों में गूंज रही थीं, जब वह बाजार से होकर गुजर रहा था। उन चीखों ने उसकी बेचैन उंगलियों को बाजार में औरतों की टोकरियों से ललचाने वाले फलों को चुराने से रोकने में मदद की।

पहले कभी उसने यह महसूस नहीं किया था कि बेबीलोन के बाजारों में कितनी बड़ी मात्रा में भोजन लाया जाता है और वह कितना अच्छा महकता है। बाजार से निकलते हुए वह सराय के पास पहुँचा और खाने के घर के सामने इधर–उधर चहलकदमी करने लगा। शायद यहाँ उसे कोई जान–पहचान वाला मिल जाए; कोई ऐसा व्यक्ति जिससे वह एक तांबे का सिक्का उधार ले सके, जिससे उसे उस बेरुखे सराय मालिक की तरफ से थोड़ी सी मुस्कान मिल सके और साथ में एक अच्छा भोजन भी। लेकिन बिना उस तांबे के सिक्के के, वह अच्छी तरह जानता था कि उसे कितनी नापसंदगी से देखा जाएगा।

अपनी सोच में डूबे हुए तरकद ने अचानक खुद को उस व्यक्ति के सामने पाया, जिससे वह सबसे ज्यादा बचना चाहता था–लंबी और दुबली काया वाले ऊँट व्यापारी दबसिर से। उन सभी दोस्तों और जान–पहचान वालों में से, जिनसे उसने थोड़े–थोड़े पैसे उधार लिए थे, दबसिर के सामने उसे सबसे ज्यादा असहज महसूस होता था, क्योंकि वह बार–बार अपने वादे के अनुसार समय पर उधार वापस करने में असफल रहता था।

दबसिर का चेहरा तरकद को देखते ही खिल उठा। ''अरे! ये तो वही तरकद है, जिसे मैं ढूँढ रहा था ताकि वह मुझे उन दो तांबे के सिक्कों को लौटा सके, जो मैंने उसे एक महीने पहले दिए थे; और साथ ही वह चाँदी का सिक्का भी, जो उससे पहले मैंने उसे उधार दिया था। अच्छा हुआ, हमारी मुलाकात हो गई। मैं आज ही इन सिक्कों का अच्छा उपयोग कर सकता हूँ। क्या कहते हो, बच्चे? क्या कहते हो?''

तरकद ने हकलाते हुए बात की और उसका चेहरा शर्म से लाल हो गया। उसके खाली पेट में इतनी भी शक्ति नहीं थी कि वह बेबाक दबसिर से कोई बहस कर सके। ''मुझे माफ कर दीजिए, मुझे माफ कर दीजिए,'' उसने हल्के स्वर में कहा, ''लेकिन आज मेरे पास न तो तांबे के सिक्के हैं और न ही चाँदी का सिक्का, जिससे मैं आपका उधार चुका सकूँ। ''तो उसे लेकर आओ,'' दबसिर ने जोर देकर कहा। ''तुम्हें कुछ तांबे के सिक्के और एक चाँदी का सिक्का तो जरूर जमा करना चाहिए ताकि तुम अपने पिता के उस पुराने मित्र की उदारता का प्रतिदान कर सको, जिसने तुम्हारी मुश्किल घड़ी में मदद की थी।''

''यह मेरी दुर्भाग्यपूर्ण किस्मत ही है जो मेरा पीछा कर रही है, इसलिए मैं चुका नहीं पा रहा हूँ।''

''दुर्भाग्यवश! क्या तुम अपनी कमजोरियों का दोष देवताओं पर डालना चाहते हो? दुर्भाग्य तो हर उस इंसान का पीछा करता है, जो उधार लेने के बारे में अधिक और चुकाने के बारे में कम सोचता है।

मेरे साथ चलो, बच्चे, मैं कुछ खा रहा हूँ। मुझे भूख लगी है और मैं तुम्हें एक कहानी सुनाना चाहता हूँ।''

तरकद दबसिर की कड़वी सच्चाई से सहम गया, लेकिन कम से कम यहाँ उसे खाने के घर के उस बहुप्रतीक्षित दरवाजे में प्रवेश करने का निमंत्रण तो मिल ही गया था।

दबसिर ने उसे कमरे के एक कोने की ओर धकेला, जहाँ वे दोनों छोटे–छोटे गलीचों पर बैठ गए।

जब काउसकोर, जो उस जगह का मालिक था, मुस्कुराते हुए प्रकट हुआ, तो दबसिर ने अपनी सामान्य बेबाकी से उसे संबोधित किया, ''रेगिस्तान की मोटी छिपकली, मेरे लिए बकरी की एक टांग ले आओ, जिसे अच्छी तरह भूनकर रसदार बनाया गया हो, और साथ में रोटी और सब्जियाँ भी, क्योंकि मैं भूखा हूँ और मुझे भरपूर भोजन चाहिए। मेरे इस मित्र को मत भूलना। इसके लिए पानी का घड़ा ले आओ। ठंडा रखना, क्योंकि आज का दिन बहुत गर्म है।''

तरकद का दिल बैठ गया। क्या उसे यहाँ बैठकर सिर्फ पानी पीना होगा जबकि वह इस आदमी को पूरी बकरी की टांग खाते हुए देखता रहेगा? उसने कुछ नहीं कहा। उसे कुछ भी ऐसा नहीं सूझा जो वह कह सकता था।

हालाँकि, दबसिर को चुप्पी जैसी कोई चीज मालूम नहीं थी। वह मुस्कुराते हुए और अपने हाथ से शालीनता से इशारा करते हुए अन्य ग्राहकों का अभिवादन करता रहा, जो सभी उसे अच्छी तरह जानते थे। वह अपनी बातें जारी रखे हुए था।

''मैंने एक यात्री से सुना है जो उरफा से लौटा है, कि वहाँ के एक अमीर आदमी के पास एक पत्थर का टुकड़ा है, जिसे इतनी पतली परत में काटा गया है कि उसके आर–पार देखा जा सकता है। उसने उस पत्थर को अपने घर की खिड़की में लगाया है ताकि बारिश को अंदर आने से रोका जा सके। वह पत्थर पीले रंग का है, और उस यात्री को उसके पार देखने की अनुमति मिली थी। उसने देखा कि बाहर की पूरी दुनिया अजीब और असली जैसी नहीं दिखती

थी। क्या कहते हो तुम इस बारे में, तरकद? क्या तुम्हें लगता है कि पूरी दुनिया एक आदमी को असली रंग से अलग किसी और रंग की दिखाई दे सकती है?''

''हाँ, शायद,'' युवक ने जवाब दिया, लेकिन उसकी दिलचस्पी दबसिर के सामने रखी बकरी की मोटी टांग में अधिक थी।

''ठीक है, मैं जानता हूँ कि यह सच है, क्योंकि मैंने स्वयं दुनिया को असली रंग से बिल्कुल अलग रंग में देखा है, और मैं तुम्हें जो कहानी सुनाने वाला हूँ, वह बताती है कि मैंने इसे फिर से असली रंग में कैसे देखा।''

''दबसिर कहानी सुनाएगा,'' पास बैठे एक आदमी ने अपने साथी से धीरे से कहा और अपना गलीचा पास खींच लिया। दूसरे लोग भी अपना खाना लेकर पास आ गए और अर्धवृत्ताकार गोले में बैठ गए। वे तरकद के पास बैठकर तेज आवाज में चबाते रहे और कभी–कभी अपने मांस के टुकड़ों से उसे हल्का सा छू जाते थे। तरकद अकेला था जिसके पास खाना नहीं था। दबसिर ने उसे अपना खाना देने की कोई कोशिश नहीं की, न ही थाली से टूटकर नीचे गिरी रोटी का छोटा टुकड़ा ही उठाने को कहा।

''जो कहानी मैं तुम्हें सुनाने जा रहा हूँ,'' दबसिर ने बकरी की टांग से एक बड़ा टुकड़ा काटते हुए कहा, ''वह मेरे शुरुआती जीवन के बारे में है और मैं कैसे ऊँट व्यापारी बना। क्या कोई जानता है कि मैं कभी सीरिया में गुलाम था?''

दर्शकों में आश्चर्य की फुसफुसाहट दौड़ गई जिसे दबसिर ने संतोष के साथ सुना।

''जब मैं जवान था,'' दबसिर ने बकरी की टांग से एक और बड़ा टुकड़ा काटते हुए अपनी बात फिर से शुरू की, ''मैंने अपने पिता का काम सीखा, जो घोड़ों की काठी बनाते थे। मैं उनके साथ उनकी दुकान में काम करता था और मैंने शादी भी कर ली थी। लेकिन, उस समय मैं बहुत कुशल नहीं था, इसलिए मेरी कमाई कम थी–बस इतनी कि मेरी प्यारी पत्नी का सादा तरीके से गुजारा हो सके। मुझे

बहुत सारी अच्छी चीजों की चाह थी, लेकिन मेरे पास उन्हें खरीदने के लिए पैसे नहीं थे। जल्दी ही मुझे समझ में आया कि दुकानदार मुझे उधार पर सामान देने के लिए तैयार रहते हैं, ताकि मैं बाद में चुका सकूँ, भले ही उस समय मेरे पास पैसे न हों।

"युवा होने के कारण और अनुभव की कमी होने से मुझे यह नहीं पता था कि जो व्यक्ति अपनी कमाई से अधिक खर्च करता है, वह बेवजह अपनी इच्छाओं की पूर्ति कर रहा है और इससे वह मुसीबत और अपमान की आँधी को खुद ही बुला रहा है। इसलिए मैंने भी अपनी इच्छाओं के आगे झुकते हुए बढ़िया कपड़े खरीदे और अपनी प्यारी पत्नी और घर के लिए उन चीजों को खरीदा जो हमारी पहुँच से बाहर थीं।

मैं जितना कर सकता था, उतना चुका दिया करता था और कुछ समय तक सब ठीक चला। लेकिन धीरे–धीरे मुझे एहसास हुआ कि मैं अपनी कमाई से न तो अपनी जरूरतें पूरी कर सकता था और न ही अपने कर्ज चुका सकता था। मुझे उधार देने वाले मुझसे मेरी फिजूलखर्ची के लिए पैसे मांगने लगे और मेरी जिंदगी दुःखदायी हो गई। मैंने दोस्तों से उधार लिया, पर उन्हें भी चुका नहीं पाया। हालात बद से बदतर हो गए। मेरी पत्नी अपने पिता के घर लौट गई और मैंने बेबीलोन छोड़कर किसी दूसरे शहर में जाने का निर्णय किया, जहाँ एक युवा आदमी को बेहतर मौके मिल सकें।

"दो सालों तक मेरा जीवन अस्त व्यस्त रहा, जहाँ मैंने कारवां व्यापारियों के लिए काम किया। इसके बाद मैं कुछ अच्छे लगने वाले लुटेरों के साथ जा मिला, जो रेगिस्तान में निहत्थे कारवां पर आक्रमण करते थे। ऐसे काम मेरे पिता के बेटे के लायक नहीं थे, लेकिन मैं मानो रंगीन पत्थर से दुनिया देख रहा था और समझ नहीं पाया कि मैं किस हद तक गिर चुका था।

"हमें हमारी पहली यात्रा में सफलता मिली। हमने सोना, रेशम और मूल्यवान सामान का एक अच्छा खासा माल लूटा। यह लूट हम गिनीर ले गए और बर्बाद कर दी।

''दूसरी बार हम इतने भाग्यशाली नहीं रहे। जैसे ही हमने कारवां को लूटा, हम पर एक स्थानीय सरदार के भालेधारी सैनिकों ने हमला कर दिया, जिन्हें कारवां अपनी सुरक्षा के लिए भुगतान करता था। हमारे दोनों नेता मारे गए, और बाकी हम सभी को दमिश्क ले जाया गया, जहाँ हमें हमारे कपड़ों से भी वंचित कर दिया गया और गुलामों के रूप में बेच दिया गया।

''मुझे दो चाँदी के सिक्कों में एक सीरियाई रेगिस्तानी सरदार ने खरीदा। मेरे सिर के बाल मुंडवा दिए गए और पहनने के लिए सिर्फ एक कमरबंद दिया गया, जिससे मैं दूसरे गुलामों से ज्यादा अलग नहीं था। मैं एक लापरवाह नौजवान था, इसलिए मुझे यह बस एक रोमांचक अनुभव जैसा लगा, तब तक जब तक मेरे मालिक ने मुझे अपनी चार पत्नियों के सामने नहीं पेश किया और उनसे कहा कि वे मुझे किन्नर के रूप अपनी सेवा के लिए रख सकती हैं।

"तब मैंने सच में अपनी स्थिति की निराशा को समझा। ये रेगिस्तान के लोग उग्र और युद्धप्रिय थे। मैं उनके अधीन था, बिना किसी हथियार के और बिना किसी बच निकलने के रास्ते के।

''मैं डर के मारे खड़ा था, जब उन चारों महिलाओं ने मुझे ध्यान से देखा। मुझे आश्चर्य हो रहा था कि क्या मैं उनसे दया की उम्मीद कर सकता हूँ। सीरा, जो पहली पत्नी थी, बाकी महिलाओं से उम्र में बड़ी थी। उसका चेहरा बिल्कुल भाव शून्य था जब उसने मुझे देखा। उससे मुझे कोई सांत्वना नहीं मिली और मैं उसकी ओर से उम्मीद छोड़कर मुड़ गया। दूसरी महिला एक अहंकारी सुंदर स्त्री थी, जिसने मुझे इस तरह देखा मानो मैं धरती का एक कीड़ा मात्र हूँ। बाकी दो छोटी उम्र की महिलाएं हँसी दबाते हुए खिलखिला रही थीं, जैसे यह सब एक रोचक मजाक हो।

''ऐसा लगा जैसे सदियाँ बीत गई हों, मैं खड़ा था और अपना फैसला सुनने का इंतजार कर रहा था। हर महिला मानो चाहती थी कि बाकी लोग फैसला करें। आखिरकार, सीरा ने ठंडी आवाज में बात की।

"'हमें यहाँ काफी किन्नर मिलते हैं, लेकिन ऊँटों की देखभाल करने वाले बहुत कम हैं और वे भी निकम्मे हैं। आज ही मैं अपनी माँ से मिलना चाहती हूँ, जो बुखार से पीड़ित हैं, लेकिन ऐसा कोई गुलाम नहीं है जिस पर मैं अपने ऊँट को ले जाने के लिए विश्वास कर सकूँ। इस गुलाम से पूछो कि क्या वह ऊँट को संभाल सकता है।'

''तब मेरे मालिक ने मुझसे पूछा, 'तुम ऊँटों के बारे में क्या जानते हो?'

''अपनी उत्सुकता छिपाने की कोशिश करते हुए मैंने उत्तर दिया, 'मैं उन्हें घुटनों के बल बैठा सकता हूँ, उन पर सामान लाद सकता हूँ, और बिना थके उन्हें लंबी यात्राओं पर ले जा सकता हूँ। यदि आवश्यकता पड़े, तो मैं उनकी काठी आदि की मरम्मत भी कर सकता हूँ।'

"'यह गुलाम आत्मविश्वास से बात करता है,' मेरे मालिक ने कहा। 'यदि तुम चाहो, सीरा, तो इस आदमी को अपने ऊँट की देखभाल के लिए रख लो।'

''इस तरह मुझे सीरा को सौंप दिया गया और उसी दिन मैंने उसके ऊँट को लंबी यात्रा पर उसकी बीमार माँ के पास पहुँचाया। मैंने इस मौके पर उसे उसके हस्तक्षेप के लिए धन्यवाद दिया और यह भी बताया कि मैं जन्म से गुलाम नहीं हूँ, बल्कि बेबीलोन के एक स्वतंत्र व्यक्ति का बेटा हूँ, जो एक सम्मानित काठी बनाने वाला है। मैंने उसे अपनी कहानी के बहुत हिस्से भी बताए। उसके जवाब मेरे लिए कुछ असहज करने वाले थे, और मैंने बाद में उसके शब्दों पर काफी विचार किया।'

"'तुम स्वयं को स्वतंत्र व्यक्ति कैसे कह सकते हो जब तुम्हारी विवशताओं ने तुम्हें इस हालत में ला खड़ा किया है? अगर किसी आदमी के अंदर गुलाम की आत्मा है, तो क्या वह गुलाम नहीं बन जाएगा, चाहे उसका जन्म कहीं भी हो, जैसे पानी अपने स्तर को खोज लेता है? अगर किसी आदमी के अंदर स्वतंत्र व्यक्ति की आत्मा है, तो क्या वह अपने शहर में सम्मानित और प्रतिष्ठित नहीं होगा, चाहे उसके ऊपर कितनी भी विपत्तियाँ आ जाएँ?'

"एक साल से भी अधिक समय तक मैं गुलाम रहा और गुलामों के साथ ही रहा, लेकिन मैं उनके जैसा नहीं बन सका। एक दिन, सीरा ने मुझसे पूछा, 'शाम के समय, जब बाकी गुलाम आपस में मिलते–जुलते हैं और एक–दूसरे की संगति का आनंद लेते हैं, तुम क्यों अपने तंबू में अकेले बैठे रहते हो?'

"जिस पर मैंने उत्तर दिया, 'मैं तुम्हारी कही बातों पर विचार कर रहा हूँ। सोच रहा हूँ कि क्या सचमुच मेरे अंदर गुलाम की आत्मा है। मैं उनके साथ नहीं जुड़ सकता, इसलिए मुझे अलग ही बैठना पड़ता है।'

"'मुझे भी अलग बैठना पड़ता है,' उसने मुझसे विश्वासपूर्वक कहा। 'मेरा दहेज बहुत बड़ा था और मेरे मालिक ने मुझसे इसी कारण विवाह किया। लेकिन वह मुझे नहीं चाहता। हर महिला यही चाहती है कि उसे पसंद किया जाए। इसी कारण, और क्योंकि मैं संतानहीन हूँ–न कोई बेटा है और न कोई बेटी–मुझे भी अलग बैठना पड़ता है। अगर मैं पुरुष होती, तो गुलाम बनकर जीने से मरना बेहतर मानती, लेकिन हमारे कबीले की परंपराओं ने महिलाओं को गुलाम बना दिया है।'

"'अब तुम मेरे बारे में क्या सोचती हो?' मैंने अचानक उससे पूछा, 'क्या मुझमें पुरुष की आत्मा है या गुलाम की आत्मा?'

"'क्या तुम्हारे अंदर बेबीलोन में अपने सही कर्जों को चुकाने की इच्छा है?' उसने सवाल के जवाब में मुझसे पूछा।

"'हाँ, मेरे अंदर यह इच्छा है, लेकिन मुझे कोई रास्ता नज़र नहीं आता।'

"'अगर तुम यूं ही सालों–साल बिना कुछ किए गुजार दोगे और कर्ज चुकाने का प्रयास नहीं करोगे, तो तुम्हारे अंदर बस एक गुलाम की कमजोर आत्मा है। जो व्यक्ति स्वयं का सम्मान नहीं कर सकता, वह गुलाम से ज्यादा कुछ नहीं है। और कोई भी व्यक्ति स्वयं का सम्मान तब तक नहीं कर सकता जब तक वह अपने ईमानदारी से लिए गए कर्ज को चुकाने का प्रयास नहीं करता।'

"'लेकिन मैं सीरिया में एक गुलाम हूँ, मैं क्या कर सकता हूँ?'

"'सीरिया में गुलाम ही बने रहो, तुम कमजोर हो।'

"'मैं कमजोर नहीं हूँ,' मैंने गुस्से में मना किया।

"'तो फिर इसे साबित करो।'

"'कैसे?'

'क्या तुम्हारा महान राजा अपने शत्रुओं से हर संभव तरीके से और पूरी शक्ति के साथ लड़ता नहीं है? तुम्हारे कर्ज तुम्हारे शत्रु हैं। वे तुम्हें बेबीलोन से बाहर निकाल फेंकेंगे। तुमने उन्हें ऐसे ही छोड़ दिया और वे तुम्हारे लिए बहुत शक्तिशाली हो गए। अगर तुमने उनसे एक पुरुष की तरह लड़ाई लड़ी होती, तो तुम उन्हें हरा सकते थे और अपने शहर के लोगों के बीच सम्मानित हो सकते थे। लेकिन तुममें उनसे लड़ने का साहस नहीं था और देखो, तुम्हारा अभिमान गिरते–गिरते अब तुम सीरिया में एक गुलाम बन गए हो।'

''मैंने उसकी कठोर बातों के बारे में बहुत सोचा और अपने दिल को गुलाम न समझने के लिए स्वयं को सही ठहराने के कई तर्क अपने मन में तैयार किए। लेकिन मुझे उन्हें कहने का अवसर नहीं मिला। तीन दिन बाद, सीरा की दासी मुझे अपनी मालकिन के पास ले गई।

"'मेरी माँ फिर से बहुत बीमार है,' सीरा ने कहा। 'मेरे पति के समूह में से दो सबसे अच्छे ऊँटों पर काठी डालो। पानी की मशकें और लंबी यात्रा के लिए काठी की थैलियां बाँध दो। नौकरानी तुम्हें रसोई वाले तंबू से खाना देगी।' मैंने ऊँटों को तैयार किया और इस दौरान मैं नौकरानी द्वारा दी गई सामान की मात्रा पर हैरान था, क्योंकि सीरा की माँ का घर एक दिन की दूरी से भी कम था। नौकरानी पीछे वाले ऊँट पर सवार हुई और मैं अपनी मालकिन का ऊँट लेकर आगे बढ़ा। जब हम उसकी माँ के घर पहुँचे, तब अँधेरा हो चुका था। सीरा ने नौकरानी को विदा कर दिया और मुझसे कहा :

"'दबसिर, क्या तुम्हारे पास एक स्वतंत्र व्यक्ति की आत्मा है या एक गुलाम की आत्मा?'

"'एक स्वतंत्र व्यक्ति की आत्मा,' मैंने जोर देकर कहा।

"'अब तुम्हारे पास इसे साबित करने का मौका है। तुम्हारा मालिक गहरी मदिरा में डूबा है और उसके सरदार भी नशे में हैं। इन ऊँटों को लो और भाग जाओ। इस थैले में तुम्हारे मालिक के वस्त्र हैं, ताकि तुम वेश बदल सको। मैं कह दूँगी कि तुम ऊँटों को चुराकर भाग गए थे, जबकि मैं अपनी बीमार माँ से मिलने गई थी।'

"'तुम्हारे अंदर एक रानी की आत्मा है,' मैंने उससे कहा। 'मैं बहुत चाहता हूँ कि मैं तुम्हें खुशियों की ओर ले जा सकूँ।'

"उसने जवाब दिया, 'खुशियाँ, एक भागी हुई पत्नी के इंतजार में नहीं होती, जो अजनबी लोगों के बीच दूर देशों में उसे तलाशे। तुम अपनी राह पर चलो और रेगिस्तान के देवता तुम्हारी रक्षा करें, क्योंकि रास्ता बहुत लंबा है और वहाँ न तो खाना है और न ही पानी।'

"'मुझे और किसी प्रेरणा की आवश्यकता नहीं थी, मैंने उसे दिल से धन्यवाद दिया और रात के अंधेरे में निकल पड़ा। मुझे इस अजनबी देश का कोई अंदाजा नहीं था और बेबीलोन किस दिशा में है, इसकी भी सिर्फ धुंधली सी जानकारी थी, लेकिन मैं रेगिस्तान पार करके पहाड़ियों की ओर बढ़ चला। एक ऊँट पर मैं सवार था और दूसरे ऊँट को मैंने अपने साथ बांध रखा था। सारी रात मैं चलता रहा और अगले पूरे दिन भी, मुझे उस भयानक अंजाम का डर था जो उन गुलामों को भुगतना पड़ता है जो अपने मालिक की संपत्ति चुराकर भागने की कोशिश करते हैं।'

''उस दोपहर के आखिर में, मैं एक ऊबड़–खाबड़ इलाके में पहुँचा जो रेगिस्तान जितना ही रहने लायक नहीं था। तेज चट्टानों ने मेरे वफादार ऊँटों के पैरों को घायल कर दिया और जल्द ही वे धीरे–धीरे, तकलीफ से चलने लगे। मुझे वहाँ न तो कोई इंसान मिला और न ही कोई जानवर। यह समझ में आ सकता था कि लोग इस दुर्गम और बेरहम जगह से क्यों दूर रहते थे।

''उसके बाद से यह यात्रा ऐसी थी, जैसी बहुत कम लोग करने के बाद जिंदा रहकर बता पाते हैं। दिन पर दिन हम चलते रहे। खाना और पानी खत्म हो गया। सूरज की गर्मी बेरहमी से पड़ रही थी।

नौवें दिन के अंत में, मैं अपने ऊँट की पीठ से उतर पड़ा, यह महसूस करते हुए कि मैं अब दोबारा चढ़ने के लिए बहुत कमजोर हो चुका हूँ और मुझे विश्वास था कि मैं इस सुनसान जगह में मर जाऊँगा।

''मैं जमीन पर लेट गया और सो गया, और अगली सुबह की पहली किरण तक नहीं जागा।

''मैं उठकर बैठ गया और चारों ओर नजर दौड़ाई। सुबह की हवा में ठंडक थी। मेरे ऊँट पास में ही निराश होकर लेटे थे। मेरे चारों ओर ऊबड़–खाबड़ ज़मीन का एक विशाल मैदान फैला था, जहाँ सिर्फ पत्थर, रेत और कांटेदार झाड़ियाँ थीं। पानी का कोई निशान नहीं था, और न ही आदमी या ऊँट के खाने लायक कुछ भी था।

''क्या यह हो सकता है कि इस शांत माहौल में मैं अपने अंत का सामना कर रहा था? मेरा मन पहले से कहीं अधिक साफ था। मेरा शरीर अब मुझे कम महत्त्वपूर्ण लगने लगा था। मेरे सूखे और फटे होंठ, मेरी सूजी हुई और सूखी जीभ, और मेरा खाली पेट–इन सबकी पीड़ा, जो एक दिन पहले तक असहनीय थी, अब मानो फीकी पड़ गई थी।

''मैंने उस बेजान और डरावने विस्तार में नजर दौड़ाई और एक बार फिर मेरे मन में वही सवाल आया, 'क्या मेरे अंदर गुलाम की आत्मा है या स्वतंत्र व्यक्ति की आत्मा?' फिर अचानक मुझे स्पष्ट समझ आया कि अगर मेरे अंदर गुलाम की आत्मा होती, तो मैं हार मानकर रेगिस्तान में लेट जाता और वहीं मर जाता–जो कि एक भागे हुए गुलाम के लिए बेहतर अंत होता।

''लेकिन यदि मेरे अंदर स्वतंत्र व्यक्ति की आत्मा होती, तो फिर क्या होता? निश्चित रूप से मैं किसी भी हालत में बेबीलोन वापस लौटने का प्रयास करता, उन लोगों का कर्ज चुकाता जिन्होंने मुझ पर विश्वास किया था, अपनी पत्नी को खुशियाँ लौटाता जो मुझसे सच्चा प्यार करती थी, और अपने माता–पिता को शांति और संतोष प्रदान करता।''

"'तुम्हारे कर्ज तुम्हारे शत्रु हैं, जिन्होंने तुम्हें बेबीलोन से बाहर निकाल दिया,' सीरा ने कहा था। हाँ, यह सच था। मैंने एक पुरुष की

तरह अपना सामना क्यों नहीं किया? मैंने अपनी पत्नी को उसके पिता के घर वापस जाने की इजाजत क्यों दी?

"फिर एक अजीब बात हुई। पूरी दुनिया मुझे किसी अलग ही रंग की लगने लगी, जैसे मैं अब तक इसे किसी रंगीन पत्थर के पार देख रहा था और वह पत्थर अचानक हटा दिया गया हो। आखिरकार, मैंने जीवन के वास्तविक मूल्यों को जान लिया है।

"रेगिस्तान में मरना! नहीं, मैं नहीं मरूँगा! एक नई दृष्टि के साथ मैंने देखा कि मुझे क्या करना है। सबसे पहले, मैं बेबीलोन वापस जाऊँगा और हर उस व्यक्ति का सामना करूँगा जिससे मैंने उधार लिया था और अभी तक चुका नहीं पाया था। मैं उन्हें बताऊँगा कि वर्षों तक भटकने और दुर्भाग्य का सामना करने के बाद, अब मैं वापस आया हूँ ताकि जितनी जल्दी भगवान की मर्जी होगी, मैं अपने कर्ज चुका सकूँ। इसके बाद, मैं अपनी पत्नी के लिए एक घर बनाऊँगा और ऐसा नागरिक बनूँगा जिस पर मेरे माता–पिता गर्व कर सकें।

"मेरे कर्ज मेरे शत्रु थे, लेकिन जिन लोगों से मैंने उधार लिया था, वे मेरे दोस्त थे क्योंकि उन्होंने मुझ पर विश्वास किया था।

"मैं कमजोर हालत में लड़खड़ाते हुए खड़ा हुआ। भूख का क्या मतलब था? प्यास का क्या मतलब था? ये तो सिर्फ बेबीलोन की ओर जाने वाले रास्ते की कठिनाइयाँ थीं। मेरे अंदर स्वतंत्र व्यक्ति की आत्मा जोर मार रही थी, जो अपने शत्रुओं को हराने और अपने दोस्तों को इनाम देने वापस जा रहा था। इस महान संकल्प से मैं रोमांचित हो उठा।

मेरी कर्कश आवाज़ में नए सुर को सुनकर मेरे ऊँटों की चमकीली आँखें चमक उठीं। बहुत परिश्रम के बाद, कई प्रयासों के बाद, उन्होंने अपने पैर जमा लिए। दयनीय दृढ़ता के साथ, वे उत्तर की ओर बढ़े जहाँ मेरे भीतर कुछ ऐसा था जो कह रहा था कि हम बेबीलोन तक पहुँच जाएंगे।

"हमें पानी मिला। हम एक हरे–भरे इलाके में पहुँचे, जहाँ घास और फल थे। हमें बेबीलोन का रास्ता मिल गया क्योंकि स्वतंत्र व्यक्ति

की आत्मा जीवन को समस्याओं की एक श्रृंखला की तरह देखती है जिन्हें हल करना होता है, और वह उन्हें हल कर लेता है। जबकि गुलाम की आत्मा केवल रोती रहती है, 'मैं क्या कर सकता हूँ, मैं तो सिर्फ एक गुलाम हूँ?'

''क्या हाल है, तरकद? क्या तुम्हारा खाली पेट तुम्हारे दिमाग को साफ कर रहा है? क्या तुम उस रास्ते पर चलने के लिए तैयार हो जो तुम्हें आत्म–सम्मान की ओर वापस ले जाए? क्या तुम अब दुनिया को उसके असली रंग में देख सकते हो? क्या तुम्हारे अंदर यह इच्छा है कि तुम अपने सारे कर्ज चुकाओ, चाहे वे कितने भी हों, और एक बार फिर बेबीलोन में एक सम्मानित व्यक्ति बन सको?''

युवक की आँखों में नमी आ गई। वह उत्सुकता से अपने घुटनों के बल उठ खड़ा हुआ। ''तुमने मुझे एक नई राह दिखाई है; मैं पहले से ही अपने अंदर एक स्वतंत्र व्यक्ति की आत्मा का संचार महसूस कर रहा हूँ।''

''लेकिन जब आप वापस लौटे तो क्या हुआ?'' एक उत्सुक श्रोता ने पूछा।

''जहाँ संकल्प होता है, वहाँ रास्ता मिल ही जाता है'' दबसिर ने जवाब दिया, ''अब मेरे पास संकल्प था, इसलिए मैंने रास्ता खोजने की ठान ली। सबसे पहले, मैं उन सभी लोगों के पास गया जिनसे मैंने उधार लिया था और उनसे विनती की कि वे मुझे थोड़ी मोहलत दें, ताकि मैं कमा सकूँ और उनका कर्ज चुका सकूँ। उनमें से अधिकतर ने मुझे ख़ुशी से स्वीकार किया। कुछ ने मुझे बुरा–भला कहा, लेकिन कइयों ने मेरी मदद करने का प्रस्ताव भी रखा; और सच में, एक ने तो मुझे वही मदद प्रदान की जिसकी मुझे सबसे अधिक आवश्यकता थी। वह था मैथोन, जो सोने का साहूकार था। जब उसे पता चला कि मैं सीरिया में ऊँटों की देखभाल करता था, तो उसने मुझे बूढ़े नेबतूर के पास भेजा, जो ऊँटों का व्यापारी था और हमारे अच्छे राजा द्वारा कई ऊँटों के समूह खरीदने के काम में लगाया गया था। मैंने अपनी ऊँटों की जानकारी को उसके साथ अच्छे से काम में लगाया। धीरे–धीरे,

मैं हर तांबे और हर चाँदी का सिक्का वापस करने में सक्षम हो गया। तब, आखिरकार, मैं सिर उठा कर खड़ा हो सका और महसूस कर सका कि मैं लोगों के बीच एक सम्मानित आदमी हूँ।''

फिर दबसिर ने अपने खाने की तरफ ध्यान दिया। ''काउसकोर, ओ सुस्त आदमी,'' उसने रसोई तक सुनाई देने वाली तेज आवाज में पुकारा, ''खाना ठंडा हो गया है। मुझे भुना हुआ ताजा मांस लाओ। साथ ही तरकद के लिए भी एक बड़ी थाली लाओ, जो मेरे पुराने मित्र का बेटा है, भूखा है और मेरे साथ खाना खाएगा।''

इस तरह खत्म हुई दबसिर की कहानी, जो पुराने बेबीलोन का ऊँट व्यापारी था। उसने अपनी आत्मा को तब खोज लिया जब उसने एक महान सच्चाई को समझ लिया–एक ऐसी सच्चाई जिसे उसके समय से भी पहले के बुद्धिमान लोग जानते थे और उसका उपयोग करते थे।

इस सच्चाई ने हर युग के लोगों को कठिनाइयों से निकालकर सफलता की ओर उन्मुख किया है, और यह आगे भी उन लोगों के लिए ऐसा करती रहेगी, जिनमें इसे समझने की समझदारी होगी। यह हर उस व्यक्ति के लिए है जो इन पंक्तियों को पढ़ता है।

जहाँ दृढ़ संकल्प होता है, वहाँ रास्ता मिल ही जाता है।

बेबीलोन की मिट्टी की पट्टियाँ

सेंट स्विथिन कॉलेज

नॉटिंघम विश्वविद्यालय
न्यूयार्क–ऑन–ट्रेंट, नॉटिंघम

प्रोफ़ेसर फ्रैंकलिन कैलडवेल,
केयर ऑफ़ ब्रिटिश वैज्ञानिक अभियान,
हिल्लाह, मेसोपोटामिया।

21 अक्टूबर, 1934

मेरे प्रिय प्रोफ़ेसर,

बेबीलोन के खंडहरों से हाल ही में खुदाई में मिली आपकी पाँच मिट्टी की पट्टिकाएं आपके पत्र के साथ उसी नाव में आईं। मैं उन पर पूरी तरह मोहित हो गया हूँ और उनके शिलालेखों का अनुवाद करने में मैंने कई सुखद घंटे बिताए हैं। मुझे आपके पत्र का तुरंत जवाब देना चाहिए था, लेकिन मैंने अनुवाद पूरा होने तक उत्तर देने में देरी की, जो अब संलग्न है।

"पट्टिकाएँ बिना किसी नुकसान के पहुँचीं, आपके संरक्षक पदार्थों के सावधानीपूर्वक उपयोग और बेहतरीन पैकिंग के लिए धन्यवाद।

आप उतने ही हैरान होंगे जितना कि हम प्रयोगशाला में हुए हैं, जब हमने उन पट्टिकाओं की कहानी सुनी। आमतौर पर हम उम्मीद करते हैं कि अतीत की धुंधली परछाइयाँ हमें रोमांच और रूमानियत से भरी कहानियाँ सुनाएंगी–कुछ "अरबियन नाइट्स" जैसी, आप समझ सकते हैं। लेकिन इसके बजाय जब इन पट्टिकाओं ने दबसिर नाम के व्यक्ति की कर्ज उतारने की समस्या का खुलासा किया, तो एहसास हुआ कि इस पुरानी धरती की स्थितियाँ पाँच हजार वर्षों में भी उतनी नहीं बदलीं, जितना हम सोचते हैं।

यह अजीब है, आप जानते हैं, लेकिन इन पुराने शिलालेखों ने मुझे बहुत "जाग्रत" कर दिया है, जैसा कि छात्र कहते हैं। एक कॉलेज प्रोफेसर होने के नाते मुझे एक सोचने–समझने वाला इंसान माना जाता है, जिसे अधिकतर विषयों का कामचलाऊ ज्ञान होता है। फिर भी, यह पुराना बेबीलोन का आदमी धूल से ढके खंडहरों से निकलकर एक ऐसा तरीका सुझा रहा है, जिससे मैं न केवल अपने कर्ज चुका सकता हूँ बल्कि अपने बटुए में खनखनाते सोने के सिक्के भी जमा कर सकता हूँ, और वह भी ऐसा तरीका जिसके बारे में मैंने पहले कभी सुना नहीं था।

मैं कहता हूँ, यह तो बड़ी सुखद सोच है, और दिलचस्प भी है यह देखना कि क्या यह तरीका आज के समय में भी उतना ही कारगर साबित हो सकता है जितना कि पुराने बाबीलोन में था। श्रीमती श्रूज़बरी और मैं स्वयं इसे अपनी जिंदगी में आजमाने का विचार कर रहे हैं, क्योंकि हमारे मामलों में भी काफी सुधार की आवश्यकता है।

आपके इस महत्वपूर्ण प्रयास में, मैं आपको शुभकामनाएँ देता हूँ और अगली बार सहायता करने का एक और मौका मिलने का बेसब्री से इंतजार कर रहा हूँ।

भवदीय

अल्फ्रेड एच. श्रूज़बरी

पुरातत्व विभाग

पट्टी सं. 1

अब, जब चाँद पूरा होता है, मैं, दबसिर, जो हाल ही में सीरिया में गुलामी से लौटा हूँ, अपने अनेकों न्यायसंगत कर्जों को चुकाने और अपने मूल शहर बेबीलोन में सम्मान के योग्य एक साधन–संपन्न व्यक्ति बनने का दृढ़ संकल्प लेकर, यहाँ मिट्टी की पट्टिका पर अपने मामलों का स्थायी रिकॉर्ड अंकित करता हूँ ताकि यह मेरी उच्च इच्छाओं को सिद्ध करने में मेरी मदद और मार्गदर्शन करे।

अपने अच्छे मित्र मैथोन, जो सोने का साहूकार है, की बुद्धिमानी भरी सलाह के तहत, मैंने यह ठान लिया है कि मैं एक सटीक योजना का पालन करूँगा, जिसके बारे में वे कहते हैं कि यह किसी भी ईमानदार व्यक्ति को कर्ज से बाहर निकालकर साधन–संपन्नता और आत्म–सम्मान की ओर ले जाएगी।

इस योजना में तीन उद्देश्य शामिल हैं, जो मेरी आशा और इच्छा हैं।

पहला उद्देश्य मेरी भविष्य की समृद्धि सुनिश्चित करना है। इसलिए, मेरी कमाई का दसवां हिस्सा मैं अलग रखूँगा, ताकि वह हमेशा मेरे पास रहे। मैथोन सही कहते हैं जब वह कहते हैं :

''वह व्यक्ति जिसके बटुए में सोने और चाँदी के सिक्के भरे होते हैं, जिन्हें खर्च करने की आवश्यकता नहीं होती, वह अपने परिवार के लिए अच्छा होता है और अपने राजा के प्रति वफादार होता है।

"जिस व्यक्ति के पास बटुए में केवल कुछ तांबे के सिक्के होते हैं, वह अपने परिवार और अपने राजा दोनों के प्रति उदासीन रहता है।

"लेकिन जिस व्यक्ति के पास बटुए में कुछ भी नहीं होता, वह अपने परिवार के लिए बेकार होता है और अपने राजा के प्रति वफादार नहीं होता, क्योंकि उसका दिल कड़वाहट से भरा होता है।

"इसलिए, जो व्यक्ति सफलता पाना चाहता है, उसके पास बटुए में खनखनाने के लिए कुछ सिक्के होने चाहिए, ताकि उसके दिल में अपने परिवार के लिए प्यार और अपने राजा के प्रति वफादारी बनी रहे।''

दूसरा उद्देश्य यह सुनिश्चित करना है कि मैं अपनी पत्नी का भरण–पोषण और देखभाल कर सकूँ, जो अपने पिता के घर से वफादारी के साथ मेरे पास लौट आई है। मैथोन कहते हैं कि एक वफादार पत्नी की अच्छी देखभाल करना एक पुरुष के दिल में आत्म–सम्मान लाता है और उसके उद्देश्यों में शक्ति और दृढ़ संकल्प जोड़ता है।

इसलिए, मेरी कमाई का सातवां हिस्सा एक घर बनाने, पहनने के लिए कपड़े, और खाने के लिए भोजन उपलब्ध कराने में खर्च होगा, और थोड़ी अतिरिक्त राशि जीवन में खुशी और आनंद के लिए रखी जाएगी। लेकिन मैथोन यह भी सलाह देते हैं कि इन आवश्यक और योग्य उद्देश्यों के लिए मेरी कमाई के सातवें हिस्से से अधिक खर्च न किया जाए। इसी में इस योजना की सफलता का रहस्य छिपा है।

मुझे इस हिस्से पर ही गुजारा करना है और कभी भी इससे अधिक इस्तेमाल नहीं करना है और न ही ऐसी चीज़ें खरीदनी हैं जिनका भुगतान मैं न कर सकूँ।

पट्टी सं. 2

तीसरा उद्देश्य यह है कि मेरी कमाई में से मेरे कर्ज चुकाए जाएँ।

इसलिए, जब भी चाँद पूरा होगा, मेरी कमाई का दूसरा हिस्सा ईमानदारी और न्यायपूर्वक उन लोगों के बीच बाँटा जाएगा जिन्होंने मुझ पर विश्वास किया था और जिनसे मैंने कर्ज लिया है। इस तरह, समय के साथ, मैं अपना सारा कर्ज जरूर चुका दूँगा। इसलिए, मैं यहाँ उन सभी लोगों के नाम अंकित करता हूँ जिनसे मैंने कर्ज लिया है और उनके कर्ज की ईमानदार राशि भी।

फहरू, कपड़ा बुनने वाला, 2 चाँदी, 6 ताँबा।
सिंजर, सोफ़ा बनाने वाला, 1 चाँदी।
अहमर, मेरा दोस्त, 3 चाँदी, 1 ताँबा।

पट्टी सं. 1

अब, जब चाँद पूरा होता है, मैं, दबसिर, जो हाल ही में सीरिया में गुलामी से लौटा हूँ, अपने अनेकों न्यायसंगत कर्जों को चुकाने और अपने मूल शहर बेबीलोन में सम्मान के योग्य एक साधन–संपन्न व्यक्ति बनने का दृढ़ संकल्प लेकर, यहाँ मिट्टी की पट्टिका पर अपने मामलों का स्थायी रिकॉर्ड अंकित करता हूँ ताकि यह मेरी उच्च इच्छाओं को सिद्ध करने में मेरी मदद और मार्गदर्शन करे।

अपने अच्छे मित्र मैथोन, जो सोने का साहूकार है, की बुद्धिमानी भरी सलाह के तहत, मैंने यह ठान लिया है कि मैं एक सटीक योजना का पालन करूँगा, जिसके बारे में वे कहते हैं कि यह किसी भी ईमानदार व्यक्ति को कर्ज से बाहर निकालकर साधन–संपन्नता और आत्म–सम्मान की ओर ले जाएगी।

इस योजना में तीन उद्देश्य शामिल हैं, जो मेरी आशा और इच्छा हैं।

पहला उद्देश्य मेरी भविष्य की समृद्धि सुनिश्चित करना है। इसलिए, मेरी कमाई का दसवां हिस्सा मैं अलग रखूँगा, ताकि वह हमेशा मेरे पास रहे। मैथोन सही कहते हैं जब वह कहते हैं :

''वह व्यक्ति जिसके बटुए में सोने और चाँदी के सिक्के भरे होते हैं, जिन्हें खर्च करने की आवश्यकता नहीं होती, वह अपने परिवार के लिए अच्छा होता है और अपने राजा के प्रति वफादार होता है।

"जिस व्यक्ति के पास बटुए में केवल कुछ तांबे के सिक्के होते हैं, वह अपने परिवार और अपने राजा दोनों के प्रति उदासीन रहता है।

"लेकिन जिस व्यक्ति के पास बटुए में कुछ भी नहीं होता, वह अपने परिवार के लिए बेकार होता है और अपने राजा के प्रति वफादार नहीं होता, क्योंकि उसका दिल कड़वाहट से भरा होता है।

"इसलिए, जो व्यक्ति सफलता पाना चाहता है, उसके पास बटुए में खनखनाने के लिए कुछ सिक्के होने चाहिए, ताकि उसके दिल में अपने परिवार के लिए प्यार और अपने राजा के प्रति वफादारी बनी रहे।''

दूसरा उद्देश्य यह सुनिश्चित करना है कि मैं अपनी पत्नी का भरण–पोषण और देखभाल कर सकूँ, जो अपने पिता के घर से वफादारी के साथ मेरे पास लौट आई है। मैथोन कहते हैं कि एक वफादार पत्नी की अच्छी देखभाल करना एक पुरुष के दिल में आत्म–सम्मान लाता है और उसके उद्देश्यों में शक्ति और दृढ़ संकल्प जोड़ता है।

इसलिए, मेरी कमाई का सातवां हिस्सा एक घर बनाने, पहनने के लिए कपड़े, और खाने के लिए भोजन उपलब्ध कराने में खर्च होगा, और थोड़ी अतिरिक्त राशि जीवन में खुशी और आनंद के लिए रखी जाएगी। लेकिन मैथोन यह भी सलाह देते हैं कि इन आवश्यक और योग्य उद्देश्यों के लिए मेरी कमाई के सातवें हिस्से से अधिक खर्च न किया जाए। इसी में इस योजना की सफलता का रहस्य छिपा है।

मुझे इस हिस्से पर ही गुजारा करना है और कभी भी इससे अधिक इस्तेमाल नहीं करना है और न ही ऐसी चीज़ें खरीदनी हैं जिनका भुगतान मैं न कर सकूँ।

पट्टी सं. 2

तीसरा उद्देश्य यह है कि मेरी कमाई में से मेरे कर्ज चुकाए जाएँ।

इसलिए, जब भी चाँद पूरा होगा, मेरी कमाई का दूसरा हिस्सा ईमानदारी और न्यायपूर्वक उन लोगों के बीच बाँटा जाएगा जिन्होंने मुझ पर विश्वास किया था और जिनसे मैंने कर्ज लिया है। इस तरह, समय के साथ, मैं अपना सारा कर्ज जरूर चुका दूँगा। इसलिए, मैं यहाँ उन सभी लोगों के नाम अंकित करता हूँ जिनसे मैंने कर्ज लिया है और उनके कर्ज की ईमानदार राशि भी।

फहरू, कपड़ा बुनने वाला, 2 चाँदी, 6 ताँबा।
सिंजर, सोफ़ा बनाने वाला, 1 चाँदी।
अहमर, मेरा दोस्त, 3 चाँदी, 1 ताँबा।

ज़ंकर, मेरा दोस्त, 4 चाँदी, 7 ताँबा।

अस्कामीर, मेरा दोस्त, 1 चाँदी, 3 ताँबा।

हरिनसिर, जवाहरात बनाने वाला, 6 चाँदी, 2 ताँबा।

डायरबेकर, मेरे पिता का दोस्त, 4 चाँदी, 1 ताँबा।

अलकहद, घर का मालिक, 14 चाँदी।

मैथोन, सोने को उधार देने वाला, 9 चाँदी।

बिरेजिक, किसान, 1 चाँदी, 7 ताँबा।

(इसके आगे, टूट–फूट के कारण पढ़ा नहीं जा सकता। इसे समझा नहीं जा सकता।)

पट्टी सं. 3

इन कर्जदाताओं को मुझे कुल मिलाकर एक सौ उन्नीस चाँदी के सिक्के और एक सौ इकतालीस तांबे के सिक्के देना बाकी है। क्योंकि मुझ पर इतनी राशि का कर्ज था और मुझे कोई रास्ता नजर नहीं आ रहा था कि मैं इसे कैसे चुका पाऊँ, अपनी मूर्खता के कारण मैंने अपनी पत्नी को उसके पिता के घर लौटने दिया और अपने जन्मस्थल शहर को छोड़ दिया, ताकि कहीं और आसानी से धन प्राप्त कर सकूँ। लेकिन उसके बदले मुझे संकट ही मिला और स्वयं को गुलामी के अपमान में बिकता देखना पड़ा।

अब जब मैथोन ने मुझे यह दिखाया कि मैं अपनी कमाई से छोटे–छोटे हिस्सों में अपना कर्ज चुका सकता हूँ, तो मुझे अपनी उस मूर्खता का एहसास हुआ, जिसमें मैंने अपनी फिजूलखर्ची के परिणामों से भागने का निर्णय किया था। इसलिए, मैंने अपने सभी कर्जदाताओं से मुलाकात की और उन्हें समझाया कि मेरे पास कर्ज चुकाने के लिए कोई अन्य साधन नहीं है, सिवाय मेरी कमाई की क्षमता के। मैंने उन्हें बताया कि मैं अपनी कमाई का दूसरा हिस्सा अपने कर्ज को चुकाने में ईमानदारी से और समान रूप से लगाऊँगा। मैं इतना तो चुका

सकता हूँ, लेकिन इससे अधिक नहीं। इसलिए, यदि वे धैर्य रखें, तो समय के साथ मैं अपना पूरा कर्ज चुका दूँगा।

अहमर, जिसे मैं अपना सबसे अच्छा दोस्त मानता था, ने मुझे कड़वी फटकार लगाई और मैं वहाँ से अपमानित होकर चला गया। बिरेजिक, जो किसान था, ने मुझसे अनुरोध किया कि मैं पहले उसका कर्ज चुका दूँ, क्योंकि उसे मदद की सख्त जरूरत थी। अलकहद, जो घर का मालिक था, वास्तव में काफी नाराज था और उसने जोर देकर कहा कि अगर मैंने जल्द ही पूरा कर्ज नहीं चुकाया, तो वह मुझे परेशानी में डाल देगा।

बाकी अन्यों ने खुशी–खुशी मेरे प्रस्ताव को स्वीकार कर लिया। इसलिए अब मैं पहले से भी अधिक दृढ़ संकल्पित हूँ कि इसे पूरा करूँ, क्योंकि मुझे विश्वास हो गया है कि अपने सही कर्ज चुकाना उन्हें टालने से अधिक आसान है। भले ही मैं अपने कुछ कर्जदाताओं की आवश्यकताओं और मांगों को पूरा नहीं कर पाऊँ, फिर भी मैं सभी के साथ निष्पक्षता से पेश आऊँगा।

पट्टी सं. 4

फिर से चाँद पूरा हो रहा है। मैंने स्वतंत्र मन से कड़ी मेहनत की है। मेरी प्यारी पत्नी ने मेरे कर्ज चुकाने के इरादों में मेरा पूरा साथ दिया है। हमारे बुद्धिमान संकल्प के कारण, मैंने पिछले महीने के दौरान नेबतूर के लिए अच्छे और मजबूत ऊँट खरीदकर उन्नीस चाँदी के सिक्के कमाए हैं।

मैंने इसे अपनी योजना के अनुसार बांट दिया है। दसवां हिस्सा मैंने अपने लिए अलग रखा है। सातवां हिस्सा मैंने अपनी पत्नी के साथ मिलकर हमारे गुजारे के लिए रखा है। दो हिस्से मैंने अपने कर्जदारों के बीच, जितना संभव हो सका, बराबरी से बाँट दिए हैं।

मैंने अहमर को नहीं देखा, बल्कि उसकी पत्नी के पास ही रकम छोड़ दी। बिरेजिक इतना खुश था कि उसने मेरे हाथ चूम लिए। सिर्फ बूढ़ा अलकहद ही नाराज़ था और उसने कहा कि तुम्हारे द्वारा मुझे शीघ्र ही भुगतान किया जाना चाहिए। इसके जवाब में मैंने कहा कि अगर मुझे अच्छा खाना और चिंता से मुक्त रहने दिया जाए, तो मैं शीघ्रता से भुगतान कर सकता हूँ। बाकी सभी ने मेरा धन्यवाद किया और मेरी कोशिशों की तारीफ की।

इस तरह, एक चाँद (एक महीने) के अंत में, मेरा कर्ज लगभग चार चाँदी के सिक्कों से कम हो गया है, और मेरे पास लगभग दो चाँदी के सिक्के भी बचे हैं, जिन पर किसी का हक नहीं है। मेरा दिल पहले से कहीं अधिक हल्का महसूस कर रहा है।

फिर से चाँद पूरा चमक रहा है। मैंने कड़ी मेहनत की, लेकिन सफलता कम मिली। मैं बहुत कम ऊँट खरीद पाया। सिर्फ ग्यारह चाँदी के सिक्के ही कमा सका। इसके बावजूद, मेरी अच्छी पत्नी और मैंने अपनी योजना का पालन किया है, भले ही हमने कोई नए कपड़े नहीं खरीदे और सिर्फ साग–सब्जियाँ खाकर गुजारा किया है।

फिर से, मैंने ग्यारह चाँदी के सिक्कों में से दसवां हिस्सा स्वयं के लिए रखा, जबकि सात हिस्सों से हमने अपनी गुजर बसर की। मुझे आश्चर्य हुआ जब अहमर ने मेरे भुगतान की तारीफ की, भले ही वह छोटा था। बिरेजिक ने भी तारीफ की। अलकहद गुस्से में आगबबूला हो गया। जब मैंने उसे कहा कि अगर उसे अपना हिस्सा नहीं चाहिए, तो वह मुझे लौटा सकता है, तब वह शांत हो गया और मान गया। बाकी सभी लोग, पहले की तरह, खुश और संतुष्ट थे।

फिर से चांद पूरा चमक रहा है, और मैं बहुत खुश हूँ। मैंने ऊँटों के एक शानदार समूह को देखा और उनमें से कई अच्छे ऊंट खरीदे। इसलिए, मेरी कमाई इस बार बयालीस चाँदी के सिक्के हुई। इस चांद (महीने) में, मेरी पत्नी और मैंने बहुत जरूरी सैंडल और कपड़े खरीदे। साथ ही, हमने अच्छा खाना खाया, जिसमें मुर्गे–मुर्गियों का मांस शामिल था।

हमने अपने कर्जदारों को आठ से ज्यादा चाँदी के सिक्कों का भुगतान किया। यहां तक कि अलकहद ने भी कोई विरोध नहीं किया।

यह योजना महान है, क्योंकि यह हमें कर्ज से मुक्त करती है और हमें ऐसा धन देती है जो पूरी तरह से हमारा अपना होता है।

पिछली बार जब मैंने इसे मिट्टी पर लिखा था, तब से तीन बार चांद पूरा हो चुका है। हर बार, मैंने अपनी कुल कमाई का दसवां हिस्सा (1/10) अपने लिए बचाया। हर बार, मेरी पत्नी और मैंने अपनी आवश्यकताओं को पूरा करने के लिए सात हिस्सों (7/10) का उपयोग किया, भले ही यह कभी–कभी मुश्किल रहा हो। और हर बार, मैंने अपने कर्जदारों को दो हिस्सों (2/10) का भुगतान किया।

अब मेरे बटुए में इक्कीस चाँदी के सिक्के हैं, जो पूरी तरह से मेरे अपने हैं। यह मुझे आत्मविश्वास प्रदान करता है, मेरा सिर गर्व से ऊंचा हो जाता है, और मुझे अपने दोस्तों के बीच सम्मान के साथ चलने का अहसास होता है। मेरी पत्नी घर को अच्छी तरह संभालती है और सुंदर वेशभूषा धारण करती है। हम खुशी–खुशी साथ में जीवन बिता रहे हैं।

यह योजना अमूल्य है। क्या इसने एक पूर्व दास को एक सम्मानित व्यक्ति नहीं बना दिया?

पट्टी सं. 5

फिर से चांद पूरा चमक रहा है, और मुझे याद आता है कि मैंने इसे मिट्टी पर लिखे हुए काफी समय हो गया है। सच में, बारह चांद (महीने) आकर चले गए हैं। लेकिन आज के दिन मैं अपनी इस कहानी को अधूरा नहीं छोडूंगा, क्योंकि आज मैंने अपने सारे कर्ज चुका दिए हैं। आज का दिन वह है, जब मैं और मेरी पत्नी बड़े उत्सव और दावत के साथ जश्न मना रहे हैं, क्योंकि हमारी मेहनत और संकल्प ने हमें यह सफलता प्रदान करवाई है।

कर्जदाताओं के पास मेरी अंतिम यात्रा के दौरान कई ऐसी घटनाएँ हुईं, जिन्हें मैं लंबे समय तक याद रखूँगा। अहमर ने मुझसे अपने कठोर शब्दों के लिए माफी मांगी और कहा कि मैं उन सभी लोगों में से एक हूँ, जिसे वह सबसे अधिक अपना मित्र बनाना चाहता है।

बूढ़ा अलकहद उतना बुरा नहीं निकला, जितना मैं समझता था। उसने मुझसे कहा, "पहले तुम नरम मिट्टी की तरह थे, जिसे कोई भी हाथ लगाकर या अपनी मर्जी से आकार दे सकता था। लेकिन अब तुम कांसे की तरह मजबूत हो गए हो, जो धार पकड़ सकता है। अगर तुम्हें कभी चाँदी या सोने की आवश्यकता हो, तो बेहिचक मेरे पास आना।"

अलकहद ही नहीं, और भी कई लोग अब मेरा सम्मान करते हैं। मेरी पत्नी भी मुझे गर्व भरी नज़रों से देखती है, जिससे मेरा आत्मविश्वास बढ़ता है।

फिर भी, यह योजना ही है जिसने मेरी सफलता सुनिश्चित की है। इसी ने मुझे मेरे सारे कर्ज चुकाने और मेरी थैली में सोने और चाँदी के सिक्के खनखनाने लायक बनाया है। मैं इसे उन सभी को सुझाता हूँ, जो जीवन में आगे बढ़ना चाहते हैं। क्योंकि यदि यह योजना एक पूर्व दास को उसके कर्ज चुकाने और उसकी थैली में सोना रखने लायक बना सकती है, तो क्या यह किसी भी व्यक्ति को स्वतंत्रता पाने में मदद नहीं करेगी? और मैं स्वयं भी इस योजना के साथ समाप्त नहीं हुआ हूँ, क्योंकि मुझे पूरा विश्वास है कि यदि मैं इसे आगे भी अपनाता रहूँ, तो यह मुझे इंसानों के बीच धनी बना देगी।

सेंट स्विथिन कॉलेज

नॉटिंघम विश्वविद्यालय

न्यूयार्क–ऑन–ट्रेंट, नॉटिंघम

प्रोफेसर फ्रैंकलिन कैलडवेल,
केयर ऑफ़ ब्रिटिश वैज्ञानिक अभियान,
हिल्लाह, मेसोपोटामिया।

7 नवंबर, 1936

मेरे प्रिय प्रोफ़ेसर,

यदि आप बेबीलोन के खंडहरों में छानबीन करते हुए किसी पुराने समय के निवासी की आत्मा से मिलें, जो एक ऊँट व्यापारी दबसिर था, तो उसे एक संदेश जरूर देना। उसे बताना कि उसने बहुत समय पहले मिट्टी की पट्टियों पर जो लिखा था, उसकी वजह से आज इंग्लैंड में एक पति–पत्नी, जो कॉलेज के पढ़े–लिखे लोग हैं, उसकी बहुत तारीफ और धन्यवाद करते हैं।

आपको शायद याद हो कि मैंने एक साल पहले लिखा था कि मिसेज श्रूज़बरी और मैंने दबसिर की योजना को अपनाने का निर्णय किया था, जिससे हम कर्ज से बाहर निकल सकें और साथ ही अपने बटुए में सोने के सिक्के खनकते हुए रख सकें। आप शायद समझ गए होंगे, भले ही हमने इसे अपने दोस्तों से छिपाने की कोशिश की थी, कि हम कितनी बुरी हालत में थे।

हम कई सालों तक पुराने कर्जों के कारण भयंकर रूप से शर्मिंदा महसूस करते रहे। हम इस डर से बीमार पड़ने की हद तक चिंतित रहते थे कि कहीं दुकानदार कोई हंगामा न कर दें, जो मुझे कॉलेज से बाहर निकलने पर मजबूर कर सकता था। हमने अपनी

आय से जितना भी संभव हो सका, प्रत्येक शिलिंग चुका दी, लेकिन यह मुश्किल से कर्ज को स्थिर रखने के लिए ही काफी था। इसके अलावा, हमें उन जगहों से खरीदारी करनी पड़ी, जहाँ हमें और कर्ज मिल सकता था, भले ही वह अधिक महँगा क्यों न हो।

यह एक ऐसे दुश्चक्र में बदल गया था जो बेहतर होने के बजाय और खराब होता जा रहा था। हमारी कोशिशें निराशाजनक होती जा रही थीं। हम सस्ते कमरों में भी नहीं जा सकते थे क्योंकि मकान मालिक का कर्ज बकाया था। ऐसा कुछ भी नहीं लग रहा था जो हमारी स्थिति को सुधार सके।

फिर, आपकी जान–पहचान वाला, बेबीलोन का पुराना ऊँट व्यापारी, एक ऐसी योजना लेकर आया जो वही प्राप्त करने में मदद कर सकती थी जो हम चाहते थे। उसने हमें अपनी प्रणाली का पालन करने के लिए अच्छी तरह प्रेरित किया। हमने अपने सभी कर्जों की एक सूची बनाई, और मैं उसे लेकर हर उस व्यक्ति के पास गया जिसके हम कर्जदार थे।

मैंने उन्हें समझाया कि जिस तरह से चीजें चल रही थीं, उसमें मैं कभी भी अपना पूरा कर्ज नहीं चुका सकता। वे स्वयं भी यह बात मेरे दिए गए आंकड़ों को देखकर समझ गए। फिर मैंने उन्हें समझाया कि मेरी नज़र में पूरे कर्ज को चुकाने का एकमात्र तरीका यह है कि मैं हर महीने अपनी आय का 20 प्रतिशत अलग रखूँ और उसे सभी कर्जदारों के बीच बराबर अनुपात में बाँटू। इससे उनका पूरा कर्ज दो साल से थोड़े अधिक समय में चुका दिया जाएगा। साथ ही, इस दौरान हम नकद लेन–देन पर चलेंगे और अपनी नकद खरीदारी से उन्हें भी लाभ प्रदान करेंगे।

वे वास्तव में काफी समझदार और सहयोगी निकले। हमारे सब्जी वाले, जो एक समझदार और अनुभवी व्यक्ति थे, ने इसे इस तरह से समझाया कि बाकी लोग भी मान गए। उन्होंने कहा, "अगर तुम अपनी हर खरीदारी के लिए तुरंत भुगतान करते हो और अपने कर्ज का भी थोड़ा–थोड़ा भुगतान करते हो, तो यह पहले से बेहतर होगा।

क्योंकि पिछले तीन सालों में तो तुमने अपने खाते का कोई भी कर्ज चुकता नहीं किया है।''

आखिरकार, मैंने सभी कर्जदारों के हस्ताक्षर एक समझौते पर ले लिए, जिसमें यह तय हुआ कि जब तक हम अपनी आय का 20 प्रतिशत नियमित रूप से चुकाते रहेंगे, वे हमें परेशान नहीं करेंगे। फिर हमने यह योजना बनानी शुरू की कि 70 प्रतिशत आय में कैसे गुजारा किया जाए। हमने यह ठान लिया था कि अपनी आय का अतिरिक्त 10 प्रतिशत बचाकर रखेंगे, ताकि वह हमारे बटुए में खनक सके। चाँदी और संभवतः सोने की यह कल्पना बेहद आकर्षक थी।

यह बदलाव करना किसी रोमांचक सफर जैसा था। हमें अलग–अलग तरीकों से यह योजना बनाना अच्छा लग रहा था कि बची हुई 70 प्रतिशत आय में आराम से कैसे जीवन निर्वाह किया जाए। हमने किराए से शुरुआत की और एक उचित कटौती प्राप्त करने में सफल रहे। फिर हमने अपनी पसंदीदा चाय और ऐसी दूसरी चीजों पर संदेह करना शुरू किया और यह देखकर सुखद आश्चर्य हुआ कि कई बार बेहतर गुणवत्ता वाली चीजें हमें कम कीमत में मिल सकती थीं।

यह कहानी एक पत्र में बताने के लिए बहुत लंबी है, लेकिन कुल मिलाकर यह मुश्किल नहीं थी। हमने इसे सफलतापूर्वक संभाल लिया, और वह भी खुशी–खुशी। यह कितनी बड़ी राहत थी कि अब हमारी आर्थिक स्थिति इस तरह से व्यवस्थित हो गई थी कि हमें पिछली बकाया रकमों के कारण परेशान नहीं किया जा रहा था।

हालांकि, मुझे आपको उस अतिरिक्त 10 प्रतिशत के बारे में जरूर बताना चाहिए जिसे हम खनकाने के लिए बचा रहे थे। हाँ, हम सच में इसे कुछ समय तक बचाकर रखते रहे। लेकिन जल्दी हँसिए मत! यही तो मजेदार हिस्सा है। असली आनंद उस पैसे को इकट्ठा करने में है जिसे आप खर्च नहीं करना चाहते। इसे बचाने में जो खुशी मिलती है, वह इसे खर्च करने से कहीं अधिक है।

जब हमने अपनी इच्छानुसार वह पैसा बचा लिया और उसका आनंद ले लिया, तो हमें इसके लिए एक अधिक लाभदायक उपयोग मिला। हमने एक ऐसा निवेश शुरू किया, जिसमें हम हर महीने अपनी आय का वह 10 प्रतिशत डाल सकते थे। यह हमारे सुधार का सबसे संतोषजनक हिस्सा साबित हो रहा है। यह वह पहली चीज है, जिसे हम मेरी आय से सबसे पहले निकालते हैं।

यह जानकर एक अद्‌भुत संतोष और सुरक्षा का अहसास होता है कि हमारा निवेश धीरे–धीरे बढ़ रहा है। जब तक मेरे शिक्षण के दिन समाप्त होंगे, यह एक अच्छी खासी रकम बन जाएगी, जो इतनी बड़ी होगी कि उसकी आय से हम आगे का जीवन आराम से बिता सकें।

यह सब मेरी उसी पुरानी आय से हुआ। विश्वास करना मुश्किल है, लेकिन यह पूरी तरह सच है। हमारे सारे कर्ज धीरे–धीरे चुकते हो रहे हैं और साथ ही हमारा निवेश भी बढ़ रहा है। इसके अलावा, अब हमारी आर्थिक स्थिति पहले से भी बेहतर है। कौन सोच सकता था कि एक वित्तीय योजना का पालन करने और बिना किसी योजना के बस चलते रहने में इतना बड़ा अंतर हो सकता है!

अगले साल के अंत तक, जब हमारे सभी पुराने बिल चुकता हो जाएंगे, तो हमारे पास अपने निवेश में अधिक योगदान देने के लिए धन होगा, और साथ ही यात्रा के लिए भी अतिरिक्त पैसा बचा होगा।

हमने यह ठान लिया है कि अब कभी भी अपने जीवन–यापन के खर्चों को अपनी आय के 70 प्रतिशत से अधिक नहीं होने देंगे। अब आप समझ सकते हैं कि क्यों हम उस पुराने व्यक्ति का व्यक्तिगत रूप से धन्यवाद करना चाहते हैं, जिसकी योजना ने हमें हमारे ''धरती पर नरक'' जैसे हालात से बचा लिया।

उसे सब पता था। वह स्वयं उन हालात से गुजर चुका था। वह चाहता था कि दूसरे लोग उसके कड़वे अनुभवों से लाभ उठाएँ। यही वजह थी कि उसने घंटों मेहनत कर अपनी बात को मिट्टी की पट्टियों पर उकेरा।

उसके पास अपने जैसे पीड़ित लोगों के लिए एक सच्चा संदेश था, एक ऐसा संदेश जो इतना महत्वपूर्ण था कि पाँच हजार साल बाद, बेबीलोन के खंडहरों से उठकर आज भी उतना ही सत्य और प्रासंगिक है, जितना उस दिन था जब इसे वहाँ दफन किया गया था।

भवदीय
अल्फ्रेड एच. श्रूज़बरी
पुरातत्व विभाग

बेबीलोन का सबसे भाग्यशाली व्यक्ति

अपने कारवां के शीर्ष पर, बेबीलोन के व्यापारी राजकुमार, शारू नादा गर्व से सवार थे। उन्हें बढ़िया कपड़े पसंद थे और वे शानदार और आकर्षक वस्त्र पहनते थे। उन्हें बढ़िया जानवर पसंद थे और वे अपने उत्साही अरबी घोड़े पर आसानी से बैठ जाते थे। उन्हें देखकर कोई भी उनकी बढ़ती आयु का अंदाज़ा नहीं लगा सकता था। निश्चित रूप से, उन्हें यह संदेह नहीं होता कि वे अंदर से परेशान थे।

दमिश्क से यात्रा लंबी है और रेगिस्तान की कठिनाइयाँ भी बहुत हैं। लेकिन शारू नादा ने इन परेशानियों की परवाह नहीं की। अरब कबीले क्रूर और समृद्ध कारवां को लूटने के लिए हमेशा तैयार रहते हैं। लेकिन उन्हें इनसे कोई भी डर नहीं था, क्योंकि उनके पास तेज घोड़ों पर सवार अनेक चुस्त और प्रशिक्षित रक्षक थे, जो उनकी सुरक्षा के लिए पर्याप्त थे।

उस युवक के बारे में, जो उसके साथ दमिश्क से आ रहा था, शारू नादा भीतर ही भीतर परेशान था। यह युवक हदन गुला था, उसके पुराने साझेदार अराद गुला का पोता। अराद गुला ने शारू नादा पर जो अहसान किया था, उसके लिए वह अपने आप को हमेशा उसका ऋणी मानता था, एक ऐसा ऋण जिसे वह कभी चुका नहीं सकता था। शारू नादा इस पोते के लिए कुछ करना चाहता था, लेकिन जितना वह इस बारे में सोचता, यह उतना ही कठिन लगता। और इसकी वजह स्वयं हदन गुला था।

युवक की अंगूठियां और बालियों को देखते हुए, शारू नादा ने सोचा, ''यह सोचता है कि आभूषण पुरुषों के लिए हैं। फिर भी, इसके चेहरे पर अपने दादा अराद गुला की वही मजबूत छवि है। लेकिन इसके दादा कभी ऐसे भड़कीले कपड़े नहीं पहनते थे।'' शारू नादा ने आगे सोचा, ''फिर भी, मैंने इसे यहाँ बुलाया, इस उम्मीद में कि मैं इसे अपने लिए एक नई शुरुआत करने में मदद कर सकूँ और इसे उस बर्बादी से दूर कर सकूँ जो इसके पिता ने उनकी संपत्ति के साथ की है।"

हदन गुला ने उसके विचारों को बीच में टोका, "तुम इतनी मेहनत क्यों करते हो, हमेशा अपने काफिले के साथ लंबी यात्राओं पर निकले रहते हो? क्या तुम कभी जीवन का आनंद लेने के लिए समय नहीं निकालते?"

शारू नादा मुस्कुराए और बोले, ''जीवन का आनंद लेने के लिए?'' उन्होंने दोहराया। ''अगर आप शारू नादा होते, तो जीवन का आनंद लेने के लिए क्या करते?''

''अगर मेरे पास तुम्हारी तरह धन होता, तो मैं किसी राजकुमार की तरह जीवन जीता। मैं कभी इस तपते रेगिस्तान में सवारी न करता। जैसे ही मेरे पास सिक्के आते, मैं उन्हें तुरंत खर्च कर देता। मैं सबसे कीमती वस्त्र पहनता और सबसे दुर्लभ आभूषणों से सजता। यही होता मेरी पसंद का जीवन, जीने लायक जीवन।'' दोनों आदमी हँसे।

''तुम्हारे दादा ने कभी आभूषण नहीं पहने,'' शारू नादा ने बिना सोचे कह दिया। फिर मजाकिया अंदाज में आगे बोले, ''क्या तुम काम के लिए कोई समय नहीं छोड़ते?''

"काम गुलामों के लिए बनाया गया था," हदन गुला ने जवाब दिया।

शारू नादा ने अपने होंठ काट लिए, लेकिन कुछ नहीं कहा। वे चुपचाप सवारी करते रहे, जब तक कि रास्ता उन्हें एक ढलान तक नहीं ले आया। यहाँ, उन्होंने अपने घोड़े की लगाम खींची और दूर हरी–भरी घाटी की ओर इशारा करते हुए कहा, ''देखो, वह रही

घाटी। नीचे दूर तक देखो, और तुम बेबीलोन की दीवारों को धुंधले रूप में देख सकते हो। वह टावर बेल के मंदिर का है। अगर तुम्हारी नज़र तेज है, तो तुम इसके शिखर पर जलती हुई अनन्त अग्नि का धुआं भी देख सकते हो।''

''तो वह है बेबीलोन? हमेशा से मैंने दुनिया के सबसे धनी शहर को देखने की इच्छा रखी है,'' हदन गुला ने प्रतिक्रिया व्यक्त की। ''बेबीलोन, जहाँ मेरे दादा ने अपनी दौलत कमानी शुरू की थी। अगर वह अभी जीवित होते, तो हम इतनी कठिनाई में नहीं होते।''

''क्यों चाहते हो कि उनकी आत्मा अपने निर्धारित समय से अधिक समय तक धरती पर बनी रहे? तुम और तुम्हारे पिता उनके अच्छे काम को आसानी से आगे बढ़ा सकते हो,'' शारू नादा ने कहा।

''अफसोस, हम में से किसी के पास उनकी वह प्रतिभा नहीं है। मेरे पिता और मैं सोने के सिक्कों को आकर्षित करने का उनका रहस्य नहीं जानते,'' हदन गुला ने जवाब दिया।

शारू नादा ने कोई जवाब नहीं दिया, बल्कि अपने घोड़े की लगाम ढीली छोड़ी और गहरी सोच में डूबे हुए घाटी की ओर बढ़ने लगे। उनके पीछे कारवां लाल धूल के बादल में लिपटा हुआ चला आ रहा था। कुछ समय बाद, वे राजा के राजमार्ग पर पहुँचे और दक्षिण की ओर मुड़कर सिंचित खेतों के बीच से गुजरने लगे।

शारू नादा की नजर खेत में हल चला रहे तीन बूढ़े आदमियों पर पड़ी। उन्हें ये लोग कहीं से जाने–पहचाने लगे, लेकिन उन्होंने इसे बेतुका ख्याल समझा। चालीस सालों बाद कोई उसी खेत से गुजरे और वही लोग हल चलाते हुए मिलें, यह कैसे संभव हो सकता है? फिर भी, उनके मन में कहीं यह विश्वास हो रहा था कि ये वही लोग हैं। उनमें से एक बूढ़ा हल को संभालने की कोशिश कर रहा था, लेकिन उसकी पकड़ कमजोर थी। बाकी दो बैलों के साथ धीमे–धीमे चलते हुए उन्हें लकड़ी की डंडियों से मारकर खींचने की असफल कोशिश कर रहे थे। यह नजारा शारू नादा को कहीं गहरे तक सोचने पर विवश कर रहा था।

चालीस सालों पहले, शारू नादा ने इन आदमियों को देखकर ईर्ष्या की थी! वह कितनी खुशी से इनके साथ अपनी जगह बदलने को तैयार था। लेकिन अब, हालात कितने बदल चुके थे। गर्व से उन्होंने अपने पीछे चल रहे कारवां की ओर देखा, जिसमें चुनिंदा ऊँट और गधे थे, जो दमिश्क से लाई गई कीमती वस्तुओं से लदे हुए थे। यह सब उनकी कई संपत्तियों में से सिर्फ एक था।

उन्होंने हल चलाने वालों की ओर इशारा करते हुए कहा, "अब भी उसी खेत में हल चला रहे हैं, जहाँ ये चालीस सालों पहले थे।"

"वे वैसे ही दिखते हैं, लेकिन तुम्हें क्यों लगता है कि ये वही लोग हैं?" हदन गुला ने पूछा।

"मैंने उन्हें वहीं देखा था," शारू नादा ने जवाब दिया। उनके दिमाग में पुरानी यादें तेजी से घूमने लगीं। "मैं अतीत को भुलाकर वर्तमान में क्यों नहीं जी सकता?" उन्होंने खुद से सोचा। तभी उनके सामने, जैसे किसी तस्वीर में, अराद गुला का मुस्कुराता चेहरा उभर आया। उनके और उनके साथ बैठे निंदक स्वभाव वाले युवा के बीच की दूरी अचानक खत्म हो गई।

लेकिन वह इस घमंडी युवक की मदद कैसे कर सकता था, जिसके पास खर्चीली सोच और आभूषणों से सजी हुई उँगलियां थीं? काम की कोई कमी नहीं थी, लेकिन यह उन लोगों के लिए था जो काम करने के इच्छुक होते। ऐसे व्यक्तियों के लिए नहीं जो स्वयं को काम से बेहतर समझते हों। फिर भी, शारू नादा ने स्वयं से कहा कि वह अराद गुला के लिए कुछ न कुछ जरूर करेगा। लेकिन यह कोई आधा–अधूरा प्रयास नहीं हो सकता। क्योंकि शारू नादा और अराद गुला ने कभी भी चीजें इस तरह से नहीं की थीं। वे ऐसे लोग नहीं थे।

एक योजना लगभग बिजली की तरह उनके दिमाग में आई। हालांकि, इसके खिलाफ कई आपत्तियां थीं। उन्हें अपने परिवार और अपनी प्रतिष्ठा के बारे में भी सोचना था। यह योजना कठोर थी; इससे चोट पहुँच सकती थी। लेकिन, शारू नादा, जो जल्दी निर्णय लेने

वाले व्यक्ति थे, उन्होंने इन आपत्तियों को दरकिनार कर दिया और इस पर अमल करने का फैसला किया।

''क्या तुम्हें यह सुनने में दिलचस्पी होगी कि तुम्हारे आदरणीय दादा और मैंने कैसे उस साझेदारी की शुरुआत की थी, जिसने हमें इतना लाभ प्रदान किया?'' उन्होंने सवाल किया।

''क्या तुम्हें यह सुनने में दिलचस्पी होगी कि तुम्हारे आदरणीय दादा और मैंने कैसे उस साझेदारी की शुरुआत की थी, जिसने हमें इतना लाभ दिया?'' उन्होंने सवाल किया।

शारू नादा ने युवक की बात को अनसुना कर कहानी शुरू की, ''हम उन हल चलाने वाले आदमियों से शुरुआत करेंगे। जब मैं तुम्हारी उम्र का था, तो मैं भी ऐसे ही एक समूह में था। हमारे साथ मेगिडो नाम का एक किसान भी था, जो मेरी तरह जंजीरों में बंधा था। मेगिडो ने खेत में हल चलाते लोगों को देखकर कहा, 'देखो, ये लोग कितने आलसी हैं। हल पकड़ने वाला आदमी गहराई से हल नहीं चलाता और जो बैलों को हाँक रहे हैं, वे उन्हें सीधे खांचे में नहीं रखते। ऐसे काम से ये लोग अच्छी फसल कैसे उगाएँगे?'''

''क्या तुमने कहा कि मेगिडो तुम्हारे साथ जंजीरों में बंधा हुआ था?'' हदन गुला ने हैरानी से पूछा।

''हाँ,'' शारू नादा ने जवाब दिया, ''हमारी गर्दन में कांसे के कॉलर थे और भारी जंजीरों से हमें बाँधा गया था। मेगिडो के बगल में जाबादो था, जो भेड़ चुराने वाला था। मैं उसे हर्रौन से जानता था। सबसे आखिर में एक आदमी था जिसे हम 'पाइरेट' कहते थे क्योंकि उसने हमें अपना नाम नहीं बताया। हमने अंदाजा लगाया कि वह नाविक था क्योंकि उसकी छाती पर नाविकों की तरह लिपटे हुए साँपों का टैटू बना हुआ था।

''तुम एक गुलाम के रूप में जंजीरों में जकड़े गए थे?'' हदन गुला ने अविश्वास से पूछा।

''क्या तुम्हारे दादा ने तुम्हें नहीं बताया कि मैं एक समय गुलाम था?'' शारू नादा ने जवाब दिया।

''उन्होंने तुम्हारे बारे में अक्सर बात की, लेकिन कभी इसका उल्लेख तक नहीं किया,'' हदन गुला ने कहा।

''तुम्हारे दादा ऐसे इंसान थे जिन पर अपनी सबसे रहस्यमयी बातों का विश्वास किया जा सकता था। और तुम भी ऐसे इंसान हो, जिन पर मैं विश्वास कर सकता हूँ, है ना?'' शारू नादा ने उसकी आँखों में गहराई से देखते हुए पूछा।

"तुम मेरी चुप्पी पर भरोसा कर सकते हो, लेकिन मैं हैरान हूँ। मुझे बताओ कि तुम गुलाम कैसे बन गए?"

शारू नादा ने अपने कंधे उचकाए, "कोई भी आदमी खुद को गुलाम के रूप में पा सकता है। यह एक जुआ घर और जौ की बीयर थी जिसने मुझे मुसीबत में डाला। मैं अपने भाई की अविवेकपूर्ण हरकतों का शिकार था। एक झगड़े में उसने अपने दोस्त को मार डाला। मुझे मेरे बड़े भाई ने विधवा के साथ बंधुआ बना लिया था, क्योंकि मैं अपने भाई को कानून के तहत मुकदमा चलाने से बचाना चाहता था। जब मेरे पिता मुझे मुक्त करने के लिए चाँदी नहीं जुटा पाए, तो उसने गुस्से में मुझे गुलाम व्यापारी को बेच दिया।"

''यह कितनी शर्मनाक और अन्यायपूर्ण बात है!'' हदन गुला ने विरोध जताते हुए कहा। "लेकिन मुझे बताओ, तुमने दोबारा आजादी कैसे प्राप्त की।"

''हम उस पर भी आएंगे, लेकिन अभी नहीं। पहले मेरी कहानी जारी रहने दो,'' शारू नादा ने कहा।

''जब हम उस खेत से गुजरे, तो हल चलाने वाले लोग हमारा मजाक उड़ा रहे थे। उनमें से एक ने अपनी फटी टोपी उतारी, झुककर बोला, 'बेबीलोन में आपका स्वागत है, राजा के मेहमान। राजा शहर की दीवारों पर आपका इंतजार कर रहा है, जहाँ तुम्हारे लिए दावत तैयार है – मिट्टी की ईंटें और प्याज का सूप।'' इसके बाद वे सब जोर–जोर से हँसने लगे।

"पाइरेट गुस्से से आगबबूला हो गया और उन्हें जोर–जोर से गालियां देने लगा। 'ये लोग यह क्या कहना चाहते हैं कि राजा हमारी शहर की दीवारों पर प्रतीक्षा कर रहा है?' मैंने उससे पूछा।

''तुम्हें शहर की दीवारों की ओर भेजा जाएगा, जहाँ तुम तब तक ईंटें ढोओगे, जब तक तुम्हारी कमर टूट न जाए। शायद इसके पहले ही वे तुम्हें मार डालें। लेकिन मुझे वे नहीं मार पाएंगे। मैं उन्हें ही मार डालूंगा,'' पाइरेट ने गुस्से से कहा।

"तब मेगिडो ने कहा, 'मेरे लिए यह बात समझ से बाहर है कि कोई मालिक मेहनती और वफादार गुलामों को मारने की बात करे। मालिकों को अच्छे गुलाम पसंद होते हैं, और वे उनके साथ अच्छा व्यवहार करते हैं।''

"'कौन मेहनत करना चाहता है?' ज़ाबादो ने प्रतिक्रिया व्यक्त की। 'वे हल चलाने वाले तो समझदार लोग हैं। वे अपनी कमर नहीं तोड़ रहे, बस ऐसा दिखा रहे हैं जैसे मेहनत कर रहे हों।'

"'कामचोरी से कोई आगे नहीं बढ़ सकता,' मेगिडो ने कहा। 'अगर तुम एक दिन में पूरा खेत जोतते हो, तो यह अच्छा काम माना जाता है और हर मालिक इसे समझता है। लेकिन अगर तुम आधा काम करते हो, तो यह कामचोरी है। मैं कामचोरी नहीं करता। मुझे काम करना अच्छा लगता है, क्योंकि काम ही मेरा सबसे अच्छा साथी है। इसी ने मुझे सब कुछ दिया है–मेरा खेत, मेरी गायें और मेरी फसलें।'

"'और अब वो सब चीजें कहाँ हैं?' ज़ाबादो ने मजाक उड़ाते हुए कहा। 'मेरे हिसाब से, समझदारी इसी में है कि बिना मेहनत के काम निकाल लिया जाए। तुम देखना, अगर हमें शहर की दीवारों पर काम करने के लिए बेचा गया, तो ज़ाबादो पानी की मशक ढोएगा या कोई आसान काम करेगा। और तुम, जिसे मेहनत करना पसंद है, ईंटें उठाते–उठाते अपनी कमर तोड़ लोगे।' इसके बाद ज़ाबादो ने मूर्खतापूर्ण हँसी में जोर से ठहाका लगाया।

''उस रात मुझे बहुत डर लग रहा था। मैं बिल्कुल भी सो नहीं पाया। मैंने खुद को पहरे की रस्सी के पास कर लिया, और जब बाकी लोग गहरी नींद में थे, तो मैंने गोडोसो का ध्यान अपनी ओर खींचा। गोडोसो उस समय पहरे पर था। वह उन अरब लुटेरों में से

था, जो इतने खतरनाक होते हैं कि अगर तुम्हारा बटुआ लूट लें, तो यह सोचते हैं कि तुम्हारा गला काटना भी जरूरी है।''

"'गोडोसो, मुझे बताओ,' मैंने फुसफुसाते हुए कहा, 'जब हम बेबीलोन पहुँचेंगे, तो क्या हमें दीवारों के लिए बेच दिया जाएगा?'

"'क्यों जानना चाहते हो?' उसने सावधानी से पूछा।

"'क्या तुम मेरी बात नहीं समझ सकते?' मैंने गिड़गिड़ाते हुए कहा। 'मैं जवान हूँ। मैं जीना चाहता हूँ। मैं शहर की दीवारों पर काम करते–करते या पिटाई से मरना नहीं चाहता। क्या मेरे लिए किसी अच्छे मालिक के पास जाने का कोई अवसर है?'

'"उसने धीरे से वापस कहा, 'मैं कुछ बताता हूँ। तुम अच्छे इंसान हो, गोडोसो को कोई परेशानी मत होने देना। अधिकतर हम पहले गुलामों के बाजार में जाते हैं। अब सुनो। जब खरीदार आएं, तो उन्हें कहना कि तुम अच्छे काम करने वाले हो, अच्छे मालिक के लिए मेहनत से काम करना पसंद करते हो। उन्हें खरीदने के लिए प्रेरित करना। अगर तुम उन्हें खरीदने के लिए प्रेरित नहीं कर पाओगे, तो अगले दिन तुम्हें ईंटें उठानी पड़ेंगी। जो कि बहुत ही मुश्किल काम है।'

''जब वह चला गया, तो मैं गर्म रेत पर लेट गया, तारों को देखते हुए और अपने काम के बारे में सोचने लगा। मेगिडो ने जो कहा था कि काम उसका सबसे अच्छा दोस्त है, उसने मुझे सोचने पर विवश कर दिया कि क्या यह मेरा भी सबसे अच्छा दोस्त बन सकता है। निश्चित रूप से, अगर इस काम ने मुझे इस मुश्किल से बाहर निकाला, तो यह मेरा भी सबसे अच्छा दोस्त बन जाएगा।

"जब मेगिडो जागा, तो मैंने उसे अपनी खुशखबरी सुनाई। यह हमारी आशा की एक किरण थी क्योंकि हम बेबीलोन की ओर बढ़ रहे थे। दोपहर में, हम दीवारों के पास पहुँचे और काली चींटियों की तरह खड़ी तिरछी पगडंडियों पर चढ़ते–उतरते लोगों की कतारें देखीं। जैसे–जैसे हम करीब पहुँचे, हम काम कर रहे हज़ारों लोगों को देखकर हैरान रह गए; कुछ लोग खाई में खुदाई कर रहे थे, दूसरे मिट्टी को मिट्टी की ईंटों में मिला रहे थे। सबसे बड़ी संख्या में लोग

ईंटों को बड़ी टोकरियों में भरकर खड़ी पगडंडियों पर राजमिस्त्रियों के पास ले जा रहे थे।*

"जो लोग धीरे काम करते थे, उन पर पहरेदार गुस्सा होते थे और बैल की चाबुक उनकी पीठ पर मारते थे। जो लोग भारी टोकरियों को नहीं संभाल पाते थे और गिर जाते थे, वे फिर से खड़े नहीं हो पाते थे। अगर वे चाबुक मारने पर भी नहीं उठते थे, तो उन्हें रास्ते के किनारे छोड़ दिया जाता था, जहाँ वे दर्द से तड़पते रहते थे। थोड़ी देर बाद, उन्हें सड़क के किनारे पड़े अन्य मरे हुए लोगों के पास खींचकर ले जाया जाता था, जहाँ बिना किसी सम्मान के उन्हें छोड़ दिया जाता था। यह डरावना दृश्य देखकर मैं डर गया। अगर मैं गुलामों के बाजार में असफल हो गया, तो यही मेरे साथ भी हो सकता था।

"गोडोसो सही था। हमें शहर के दरवाजों से गुलामों की जेल में ले जाया गया और अगली सुबह, हमें बाजार में पिंजरों में भरकर ले जाया गया। यहाँ बाकी लोग डर से सिमटकर बैठे थे, और केवल पहरेदारों की चाबुक ही उन्हें चलने पर मजबूर कर पा रही थी ताकि खरीदार उन्हें देख सकें। मेगिडो और मैंने उत्साह से हर उस आदमी से बात की, जिसने हमें बात करने की इजाजत दी।

"गुलाम व्यापारी राजा के पहरेदारों को लाया, जिन्होंने पाइरेट को बेड़ियों में जकड़ दिया और जब उसने विरोध किया, तो उसे बेरहमी से पीटा। जब वे उसे ले जा रहे थे, तो मुझे उसके लिए बहुत बुरा लगा।

---

* प्राचीन बेबीलोन के प्रसिद्ध कार्यों, जैसे उसकी दीवारें, मंदिर, झूलते बाग और बड़ी नहरों का निर्माण गुलामों के श्रम से हुआ था, जो मुख्य रूप से युद्ध के कैदी थे। इसी वजह से उन्हें अमानवीय व्यवहार सहना पड़ता था। इस श्रमिक बल में बेबीलोन के कई नागरिक और उसके प्रांतों के लोग भी शामिल थे, जिन्हें अपराधों या आर्थिक समस्याओं के कारण गुलामी में बेचा गया था। यह एक आम प्रथा थी कि लोग अपने आप को, अपनी पत्नियों को या अपने बच्चों को उधार की अदायगी, कानूनी फैसलों या अन्य जिम्मेदारियों की गारंटी के रूप में बंधक बना देते थे। अगर वे अपनी जिम्मेदारी पूरी नहीं कर पाते थे, तो उन्हें गुलामी में बेच दिया जाता था।

"मेगिडो को महसूस हो रहा था कि हम जल्द ही अलग हो सकते हैं। जब आसपास कोई खरीदार नहीं था, तो उसने मुझसे गंभीरता से बात की और समझाने की कोशिश की कि भविष्य में काम मेरे लिए कितना महत्वपूर्ण होगा : 'कुछ लोग काम से नफरत करते हैं और उसे अपना दुश्मन बना लेते हैं। बेहतर है कि काम को दोस्त की तरह मानो और उसे पसंद करना सीखो। इस बात से परेशान मत हो कि यह कठिन है। अगर तुम सोचोगे कि तुम एक अच्छा घर बना रहे हो, तो फिर कौन परवाह करता है कि लोहे की बीम भारी हैं या पानी लाने का कुआं दूर है। मुझसे वादा करो, लड़के, अगर तुम्हें कोई मालिक मिलता है, तो उसके लिए जितनी मेहनत कर सकते हो उतनी मेहनत करना। अगर वह तुम्हारी मेहनत की कद्र न भी करे, तो कोई बात नहीं। याद रखना, अच्छे से किया गया काम उसी आदमी को लाभ प्रदान करता है जो उसे करता है। यह उसे एक बेहतर इंसान बनाता है।' उसने बात खत्म की क्योंकि एक हट्टा–कट्टा किसान बाड़े के पास आया और हमें गौर से देखने लगा।

"मेगिडो ने किसान से उसके खेत और फसलों के बारे में पूछा और जल्दी ही उसे यह समझा दिया कि वह एक उपयोगी व्यक्ति साबित हो सकता है। गुलाम व्यापारी से लंबे मोलभाव के बाद, किसान ने अपने चोगे के नीचे से एक मोटी थैली निकाली और जल्दी ही मेगिडो अपने नए मालिक के पीछे–पीछे चल पड़ा और हमारी नजरों से ओझल हो गया।

"सुबह के समय कुछ और लोगों को बेचा गया। दोपहर को, गोडोसो ने मुझे बताया कि व्यापारी निराश हो गया था और वह अब एक और रात नहीं रुकेगा, लेकिन सूर्यास्त तक जो बचेगा उसे राजा के खरीदार के पास ले जाएगा। मैं हताश हो रहा था तब एक मोटा, अच्छे स्वभाव वाला आदमी दीवार के पास आया और पूछा कि क्या हमारे बीच कोई रोटी बनाने वाला है।

"मैंने उसके पास जाकर कहा, 'आप जैसे अच्छे रोटी बनाने वाले को किसी दूसरे रोटी बनाने वाले को क्यों ढूंढना? जो शायद

उतना अच्छा न हो? क्या यह आपके लिए अच्छा नहीं होगा कि आप मुझ जैसे उत्साही व्यक्ति को अपनी कुशलता सिखाएँ? मुझे देखिए, मैं जवान हूँ, मजबूत हूँ और काम करना पसंद करता हूँ। मुझे एक अवसर प्रदान कीजिए, और मैं पूरी कोशिश करूँगा कि आपके लिए सोना और चाँदी कमा सकूँ।'

"वह मेरी इच्छाशक्ति से प्रभावित हुआ और उस व्यापारी से मोल–भाव करने लगा जिसने मुझे खरीदने के बाद से कभी मुझ पर ध्यान नहीं दिया था लेकिन अब मेरी योग्यताओं, अच्छे स्वास्थ्य और अच्छे स्वभाव के बारे में बहुत कुछ कह रहा था। मुझे ऐसा महसूस हो रहा था जैसे मैं एक मोटा बैल हूँ जो कसाई को बेचा जा रहा है। अंत में, मेरी खुशी के लिए, सौदा पक्का हो गया। मैं अपने नए मालिक के पीछे चल दिया, यह सोचकर कि मैं बेबीलोन का सबसे भाग्यशाली व्यक्ति हूँ।

"मेरा नया घर मुझे बहुत पसंद आया। मेरे मालिक नाना–नैद ने मुझे सिखाया कि आँगन में रखे पत्थर के बर्तन में जौ को कैसे पीसना है, फिर चूल्हे में कैसे आग जलानी है, और शहद के केक के लिए तिल का आटा कैसे बारीक पीसना है। मुझे अनाज रखने वाले गोदाम में सोने की जगह मिली। बूढ़ी दासी स्वास्ती मुझे अच्छे से खाना खिलाती थी और मैं उसके भारी कामों में मदद करता था, जिससे वह खुश रहती थी।

"यह वही अवसर था जिसका मैं लंबे समय से इंतजार कर रहा था, जिससे मैं अपने मालिक के लिए उपयोगी बन सकूँ और अपनी आजादी पाने का कोई रास्ता ढूँढ सकूँ।

"मैंने नाना–नैद से कहा कि मुझे आटा गूँथना और रोटी पकाना सिखा दें। उन्होंने खुशी–खुशी मेरी इच्छा को देखकर मुझे यह सिखाया। बाद में, जब मैं यह अच्छे से कर पाने लगा, तो मैंने उनसे शहद के केक बनाना सिखाने को कहा और जल्दी ही मैं सारा पकाने का काम खुद ही करने लगा। मेरे मालिक खुश थे कि अब उन्हें आराम करने का मौका मिल रहा था, लेकिन स्वास्ती ने अपना सिर

नापसंदगी में हिलाया और कहा, 'किसी आदमी के लिए बिना काम के रहना अच्छा नहीं होता।'

"मुझे लगा कि अब समय आ गया है कि मैं ऐसा कोई तरीका सोचूँ जिससे मैं कुछ पैसे कमा सकूँ और अपनी आजादी खरीद सकूँ। क्योंकि दोपहर तक खाना बनाने का काम खत्म हो जाता था, मैंने सोचा कि अगर मैं दोपहर के समय कोई लाभदायक काम ढूँढूं तो नाना–नैद इससे खुश होंगे और शायद कमाई में मेरा हिस्सा भी बांटें। तभी मेरे मन में विचार आया, क्यों न मैं और शहद के केक बनाऊँ और शहर की गलियों में भूखे लोगों को बेचूँ?

"मैंने नाना–नैद के सामने अपनी योजना इस तरह प्रस्तुत की : 'अगर मैं खाना बनाने का काम खत्म करने के बाद अपना दोपहर का समय आपके लिए पैसे कमाने में मदद करने के लिए इस्तेमाल करूँ, तो क्या यह उचित नहीं होगा कि आप मेरी कमाई में से कुछ हिस्सा मुझे दें ताकि मेरे पास भी अपना पैसा हो, जिससे मैं उन चीजों को खरीद सकूँ जो हर इंसान चाहता और जरूरत समझता है?

"नाना–नैद ने कहा, ''यह ठीक है, ठीक है।'' जब मैंने उन्हें शहद के केक बेचने की अपनी योजना बताई, तो वे बहुत खुश हुए। उन्होंने कहा, 'हम ऐसा करेंगे कि तुम हमारे शहद के केक को, एक पैसे में बेचोगे। फिर, जितने भी पैसे आएँगे, उसमें से आधे पैसे मेरे होंगे ताकि आटा, शहद और केक पकाने की लकड़ी की कीमत निकली जा सके। बाकी जो बचे पैसे हैं, उसमें से आधा हिस्सा मेरा होगा और आधा हिस्सा तुम्हारा होगा।'

"मैं उनके इस उदार प्रस्ताव से बहुत खुश था कि मुझे अपनी बिक्री का चौथा हिस्सा अपने लिए रखने को मिलेगा। उस रात, मैंने देर तक काम किया ताकि एक थाली बना सकूँ जिस पर केक सजाकर दिखा सकूँ। नाना–नैद ने मुझे अपने पुराने चोगों में से एक दिया ताकि मैं उसमें अच्छे से दिख सकूँ, और स्वास्ती ने मेरी मदद की उसे ठीक करने और साफ करने में।

"अगले दिन, मैंने शहद के केक अधिक मात्रा में बनाए। जब मैं थाली में केक लेकर गली में गया और जोर–जोर से अपनी चीजें बेचने की आवाज लगाने लगा, तो वे भूरे रंग के और स्वादिष्ट दिख रहे थे। पहले तो कोई दिलचस्पी नहीं दिखा रहा था और मुझे थोड़ी निराशा होने लगी। लेकिन मैंने हिम्मत नहीं छोड़ी और दोपहर बाद जैसे–जैसे लोगों को भूख लगने लगी, केक बिकने लगे और जल्दी ही मेरी थाली खाली हो गई।

"नाना–नैद मेरी सफलता से बहुत खुश हुए और खुशी–खुशी मुझे मेरा हिस्सा दिया। मुझे अपने पैसे मिलने पर बहुत खुशी हुई। मेगिडो सही था जब उसने कहा था कि मालिक अपने गुलामों का अच्छा काम देखकर खुश होता है। उस रात मैं अपनी सफलता से इतना उत्साहित था कि मुझे नींद ही नहीं आ रही थी। मैं यही सोचता रहा कि एक साल में मैं कितना कमा सकता हूँ और अपनी आजादी खरीदने में मुझे कितने साल लगेंगे।

"जब मैं हर दिन अपनी थाली में केक लेकर बाहर जाता था, तो मुझे जल्दी ही कुछ नियमित ग्राहक मिलने लगे। इनमें से एक कोई और नहीं बल्कि तुम्हारे दादा, अराद गुला थे। वे एक कालीन व्यापारी थे और पूरे शहर में घर–घर जाकर गृहिणियों को कालीन बेचते थे। उनके साथ एक गधा रहता था जिस पर बहुत सारे कालीन लदे होते थे, और एक काला गुलाम उसे संभालने के लिए साथ होता था। वे हमेशा अपने लिए दो केक और अपने गुलाम के लिए दो केक खरीदते थे और खाते समय मुझसे बातें करने के लिए रुकते थे।

"एक दिन तुम्हारे दादा ने मुझसे कुछ ऐसा कहा जिसे मैं हमेशा याद रखूँगा। उन्होंने कहा, 'मुझे तुम्हारे केक पसंद हैं, बच्चे, लेकिन उससे भी अधिक मुझे तुम्हारी मेहनत और उत्साह पसंद है, जिससे तुम उन्हें बेचते हो। ऐसा हौसला तुम्हें सफलता की राह पर बहुत आगे ले जा सकता है।'

लेकिन हदन गुला, तुम कैसे समझ सकते हो कि एक गुलाम लड़के के लिए ऐसे प्रोत्साहन भरे शब्दों का क्या मतलब होता है,

जो एक बड़े शहर में अकेला था और अपनी सारी ताकत से अपनी बेइज्जती से बाहर निकलने का रास्ता तलाश कर रहा था?

"जैसे–जैसे महीने बीतते गए, मैं अपनी थैली में पैसे जोड़ता रहा। मेरी थैली अब मेरी कमर पर एक सुखद वजन देने लगी थी। काम मेरा सबसे अच्छा मित्र साबित हो रहा था, जैसे मेगिडो ने कहा था। मैं खुश था, लेकिन स्वास्ती चिंतित थी।

"'तुम्हारे मालिक के बारे में मुझे चिंता है कि वह जुए के अड्डों में इतना समय बर्बाद कर रहा है,' स्वास्ती ने विरोध जताते हुए कहा।

"एक दिन मुझे अपनी खुशी का ठिकाना नहीं रहा जब मेरी मुलाकात सड़क पर अपने दोस्त मेगिडो से हुई। वह तीन गधों को बाजार ले जा रहा था, जिन पर सब्जियाँ लदी थीं। उसने कहा, 'मैं बहुत अच्छा कर रहा हूँ। मेरा मालिक मेरे काम की सराहना करता है, अब मैं यहाँ का प्रमुख बन गया हूँ। देखो, उसने बाजार का सारा काम मुझ पर भरोसा करके छोड़ा है, और अब वह मेरे परिवार को भी बुला रहा है। काम मेरी बड़ी मुसीबत से उबरने में मेरी मदद कर रहा है। एक दिन यह मेरी मदद करेगा ताकि मैं अपनी आजादी खरीद सकूँ और फिर से अपना खुद का खेत रख सकूँ।'

"समय बीतता गया और नाना–नैद मेरे वापस आने का बेसब्री से इंतजार करने लगे। जब मैं बेचकर लौटता, तो वे मेरा इंतजार करते और उत्सुकता से हमारे पैसों को गिनते और बांटते। वे मुझे और अधिक बाजार ढूँढने और अपनी बिक्री बढ़ाने के लिए भी प्रेरित करते थे।

"अक्सर मैं शहर के बाहर जाता था और दीवारें बना रहे गुलामों के पहरेदारों को अपने केक बेचने की कोशिश करता था। मुझे वहाँ के भयानक दृश्य पसंद नहीं थे, लेकिन पहरेदार मेरे अच्छे ग्राहक थे। एक दिन मैंने देखा कि ज़बादो ईंटों से अपनी टोकरी भरने के लिए लाइन में खड़ा है। वह बहुत कमजोर और झुका हुआ दिख रहा था, उसकी पीठ पर चाबुक के निशान और घाव थे। मुझे उस पर दया आई, और मैंने उसे एक केक दे दिया।

उसने भूखे जानवर की तरह केक अपने मुँह में ठूंस लिया। उसकी ललचाई आँखों को देखकर मुझे डर लगा, और मैं जल्दी से भाग गया ताकि वह मेरी थाली न छीन ले।

"'तुम इतनी कड़ी मेहनत क्यों करते हो?' एक दिन अराद गुला ने मुझसे पूछा। 'लगभग वही सवाल जो तुमने आज मुझसे पूछा था, याद है?' मैंने उन्हें मेगिडो की बात बताई कि काम कैसे सबसे अच्छा मित्र बन सकता है और मेरे लिए यह सच साबित हो रहा था। मैंने गर्व से अपनी पैसों की थैली उन्हें दिखाई और समझाया कि मैं अपनी आजादी खरीदने के लिए पैसे बचा रहा हूँ।

"'जब तुम आज़ाद होगे, तो तुम क्या करोगे?' उसने पूछा।

"'तो,' मैंने जवाब दिया, 'मैं एक व्यापारी बनने की इच्छा रखता हूँ।'

''उस समय उन्होंने मुझसे एक ऐसी बात बताई जिसे मैं कभी सोच भी नहीं सकता था। 'तुम्हें नहीं पता कि मैं भी एक गुलाम हूँ। मैं अपने मालिक के साथ साझेदारी में काम करता हूँ।'"

"रुको," हदन गुला ने जोर से कहा। "मैं अपने दादा के बारे में ऐसी झूठी बातें नहीं सुनूँगा। वे कोई गुलाम नहीं थे।" उसकी आँखें गुस्से से भड़क उठीं।

शारू नादा शांत बने रहे। ''मैं उनका सम्मान करता हूँ क्योंकि उन्होंने अपनी परेशानियों से ऊपर उठकर दमिश्क के प्रमुख नागरिकों में से एक बनने का सफर तय किया था। क्या तुम, उनके पोते, भी उन्हीं जैसे साहसी हो? क्या तुममें सच का सामना करने की हिम्मत है, या तुम झूठे भ्रम में जीना पसंद करते हो?''

हदन गुला ने अपने घोड़े पर सीधी मुद्रा में बैठते हुए कहा। उसकी आवाज गहरी भावनाओं से भरी हुई थी, "मेरे दादा को सभी लोग बहुत प्यार करते थे। उन्होंने बहुत सारे अच्छे काम किए थे। जब अकाल आया था, तो क्या उनके सोने से मिस्र से अनाज नहीं खरीदा गया था? और क्या उनके कारवां ने वह अनाज दमिश्क लाकर लोगों में नहीं बांटा था ताकि कोई भी भूखा न रहे? और अब आप कह रहे हो कि वह बेबीलोन में सिर्फ एक तिरस्कृत गुलाम थे।"

शारू नादा ने जवाब दिया, "अगर वे बेबीलोन में गुलाम ही बने रहते, तो शायद उनका तिरस्कार होता। लेकिन जब उन्होंने अपनी मेहनत से दमिश्क में एक महान व्यक्ति बनकर दिखाया, तो देवताओं ने भी उनकी परेशानियों को माफ कर दिया और उनका सम्मान किया।'

'यह बताने के बाद भी वह एक गुलाम थे,' शारू नादा ने आगे कहा, 'उन्होंने मुझे समझाया कि वे अपनी आजादी पाने के लिए कितने बेचैन थे। अब जब उनके पास अपनी आजादी खरीदने के लिए पर्याप्त पैसे थे, तब वे इस बात को लेकर परेशान थे कि आगे क्या करना चाहिए। अब उनकी बिक्री भी अच्छी नहीं हो रही थी और उन्हें अपने मालिक का सहारा छोड़ने का डर था।'

"मैंने उनके असमंजस का विरोध किया : 'अब अपने मालिक से चिपके मत रहो। एक बार फिर से आजाद व्यक्ति होने का एहसास करो। आजाद आदमी की तरह काम करो और उसी तरह सफल बनो! यह तय करो कि तुम क्या हासिल करना चाहते हो, और फिर मेहनत तुम्हारी मदद करेगी उसे पाने में!' वह अपनी राह चले गए और यह कहकर गए कि उन्हें खुशी है कि मैंने उनकी कायरता के लिए उन्हें लज्जित किया।'*

"एक दिन मैं फिर से शहर के दरवाजों के बाहर गया और यह देखकर चौंक गया कि वहाँ बड़ी भीड़ इकट्ठा हो रही थी। जब मैंने एक आदमी से इसका कारण पूछा, तो उसने जवाब दिया : 'क्या तुम्हें पता नहीं है? एक भागा हुआ गुलाम जिसने राजा के पहरेदारों में से

---

* प्राचीन बेबीलोन में गुलामों के नियम, चाहे हमें थोड़े अजीब लगें, पर कानूनी तौर पर सख्ती से निर्धारित थे। उदाहरण के लिए, एक गुलाम किसी भी प्रकार की संपत्ति का मालिक हो सकता था, यहाँ तक कि अन्य गुलाम भी जिन पर उसके मालिक का कोई अधिकार नहीं होता था। गुलामों की शादी गैर–गुलामों से भी स्वतंत्र रूप से हो सकती थी। जिन बच्चों की माँ स्वतंत्र होती थी, वे भी स्वतंत्र होते थे। शहर के ज्यादातर व्यापारी गुलाम ही थे। इनमें से कई व्यापारी अपने मालिक के साथ साझेदारी में काम करते थे और अपने बलबूते पर अमीर भी थे।

एक की हत्या कर दी थी, उसे न्याय के लिए लाया गया है और आज उसे उसके अपराध के लिए कोड़े मारकर मौत की सजा दी जाएगी। यहाँ तक कि राजा खुद भी यहाँ आने वाले हैं।'

"फांसी के खंभे के चारों ओर इतनी भीड़ थी कि मुझे वहाँ पास जाने में डर लगा, कहीं मेरी शहद के केक की थाली गिर न जाए। इसलिए, मैं अधूरी बनी हुई दीवार पर चढ़ गया ताकि लोगों के सिर के ऊपर से देख सकूँ। मुझे बहुत खुशी हुई कि मैंने खुद राजा नबूकदनेज़र को देखा जब वे अपने सुनहरे रथ में सवार होकर वहाँ से गुजरे। मैंने कभी भी ऐसी भव्यता नहीं देखी थी, इतने सुंदर सोने के कपड़े और मखमल की सजावट।

"मैं कोड़े मारने का दृश्य नहीं देख सका, लेकिन उस बेचारे गुलाम की चीखें सुन पा रहा था। मुझे आश्चर्य हुआ कि हमारे सुंदर और महान राजा जैसे व्यक्ति इतनी पीड़ा को कैसे सहन कर सकते हैं। लेकिन जब मैंने देखा कि वे अपने दरबारियों के साथ हँस रहे थे और मजाक कर रहे थे, तो मुझे समझ में आया कि वे कितने निर्दयी थे और क्यों दीवारें बनाने वाले गुलामों से इतनी अमानवीय मेहनत करवाई जाती थी।

"जब गुलाम की मौत हो गई, तो उसकी लाश को एक खंभे पर रस्सी से बांधकर उसके पैर के सहारे लटका दिया गया ताकि सब लोग उसे देख सकें। जैसे–जैसे भीड़ कम होने लगी, मैं पास गया। उसकी बालों वाली छाती पर मैंने दो आपस में लिपटे हुए साँपों का टैटू देखा। वह पाइरेट था।

"अगली बार जब मेरी मुलाकात अरद गुला से हुई, तो वे पूरी तरह से बदले हुए व्यक्ति थे। उन्होंने उत्साह से मुझसे कहा, 'देखो, वह गुलाम जिसे तुम जानते थे, अब एक आजाद आदमी है। तुम्हारे शब्दों में जादू था। मेरी बिक्री और मुनाफा पहले ही बढ़ने लगे हैं। मेरी पत्नी बहुत खुश है। वह एक स्वतंत्र महिला है, मेरे मालिक की भतीजी है। वह बहुत चाहती है कि हम किसी ऐसे नए शहर में चले जाएं जहाँ कोई न जाने कि मैं कभी गुलाम था। इस तरह हमारे बच्चों को उनके पिता की बीती परेशानियों का सामना नहीं करना

पड़ेगा। काम मेरा सबसे अच्छा साथी बन गया है। इसने मुझे मेरा आत्मविश्वास और मेरी बिक्री की कुशलता वापस दिलाने में मदद की है।'

"मुझे बहुत खुशी हुई कि मैं, भले ही थोड़ा सा ही सही, लेकिन उनके लिए कुछ कर सका, जिन्होंने मुझे प्रोत्साहित किया था।

"एक शाम स्वास्ती मेरे पास गहरी चिंता में आई और बोली : 'तुम्हारा मालिक मुसीबत में है। मुझे उसके लिए बहुत डर लग रहा है। कुछ महीने पहले उसने जुए की बाजी में बहुत कुछ खो दिया था। वह किसान को अनाज और शहद के लिए पैसे नहीं दे रहा है। वह साहूकार को भी पैसे नहीं चुका पा रहा है। वे सभी नाराज हैं और उसे धमकी दे रहे हैं।'"

'हमें उसकी बेवकूफी की चिंता क्यों करनी चाहिए? हम उसके रखवाले नहीं हैं,' मैंने बिना सोचे–समझे जवाब दिया।

"'मूर्ख लड़के, तुम समझते नहीं हो। उसने साहूकार से कर्ज लेने के लिए तुम्हारी आजादी की गारंटी दे दी थी। कानून के अनुसार साहूकार तुम पर अपना दावा कर सकता है और बेच सकता है। मुझे नहीं पता कि क्या करना चाहिए। वह अच्छा मालिक है। क्यों? ओह क्यों, उसे ऐसी परेशानी का सामना करना पड़ रहा है?'

"स्वास्ती का डर बेवजह नहीं था। अगले दिन सुबह जब मैं खाना बना रहा था, तब साहूकार एक आदमी को लेकर आया, जिसे वह ससि कह रहा था। उस आदमी ने मुझे ध्यान से देखा और कहा कि मैं ठीक रहूँगा।

"साहूकार ने मेरे मालिक के लौटने का इंतज़ार नहीं किया, बल्कि स्वास्ती से कहा कि वह उसे बताए कि वह मुझे ले गया है। केवल मेरी पीठ पर लबादा और मेरी बेल्ट से सुरक्षित रूप से लटके हुए पैसों के बटुए के साथ, मैं अधूरे केक से दूर चला गया।

"ससि एक कठोर और रूखा आदमी था। जब वह मुझे शहर के उस पार ले जा रहा था, मैंने उसे नाना–नैद के लिए किए गए अपने अच्छे काम के बारे में बताया और कहा कि मैं उसके लिए भी

अच्छा काम करने की उम्मीद रखता हूँ। उसकी प्रतिक्रिया में कोई प्रोत्साहन नहीं था :

"'मुझे यह काम पसंद नहीं है। मेरे मालिक को भी यह काम पसंद नहीं है। राजा ने मेरे मालिक को कहा है कि मुझे ग्रैंड नहर का एक हिस्सा बनाने के लिए भेजो। मालिक ने ससि से कहा है कि और गुलाम खरीदो, मेहनत से काम करवाओ, और जल्दी काम खत्म करो। उफ्फ, कोई आदमी इतना बड़ा काम जल्दी कैसे खत्म कर सकता है?'

एक ऐसे रेगिस्तान की कल्पना करो जिसमें एक भी पेड़ नहीं है, सिर्फ छोटी–छोटी झाड़ियाँ हैं और सूरज इतनी तेज तपिश से जल रहा है कि हमारे बर्तनों में रखा पानी इतना गर्म हो गया था कि हम उसे मुश्किल से पी पा रहे थे। फिर सोचो कि वहाँ आदमी की पंक्तियाँ हैं, जो गहरी खुदाई में नीचे जा रहे हैं और भारी टोकरी में मिट्टी भरकर धूल भरे रास्ते से ऊपर ला रहे हैं, सुबह से लेकर शाम होने तक। खाना खुले बर्तनों में दिया जाता था, जिसमें से हम सूअरों की तरह अपने आप खाना निकालते थे। हमारे पास न तो तंबू थे और न ही सोने के लिए कोई बिछाने की घास फूस। यही हालात थे जिनमें मैंने स्वयं को पाया। मैंने अपने पैसों की थैली को एक निशान वाले स्थान पर गाड़ दिया, यह सोचते हुए कि क्या मैं कभी इसे फिर से खोदकर निकाल पाऊंगा।

"शुरुआत में, मैंने अच्छे मन से काम किया, लेकिन जैसे–जैसे महीने बीतते गए, मुझे लगा कि मेरा हौसला टूटने लगा है। फिर गर्मी में बुखार ने मेरे थके हुए शरीर को जकड़ लिया। मेरी भूख खत्म हो गई और मैं मुश्किल से मटन और सब्जियाँ खा पाता था। रात में, मैं बेचैनी ये जागता रहता था और सो नहीं पाता था।

"अपनी तकलीफ में, मैंने सोचा कि शायद ज़बादो का तरीका ही सबसे अच्छा था – काम से बचना और अपनी पीठ को टूटने से बचाना। फिर मुझे उसका आखिरी दृश्य याद आया और समझ में आ गया कि उसका तरीका सही नहीं था।

"मैंने पाइरेट के बारे में सोचा, उसके अंदर की कड़वाहट के बारे में, और सोचा कि शायद लड़ना और मार देना भी सही हो सकता था। लेकिन उसका खून से लथपथ शरीर याद कर मुझे समझ आया कि उसका तरीका भी बेकार था।

"फिर मुझे मेगिडो को आखिरी बार देखने की याद आई। उसके हाथ कड़ी मेहनत से बहुत कठोर हो गए थे, लेकिन उसका दिल हल्का था और उसके चेहरे पर खुशी थी। उसकी योजना सबसे अच्छी थी।

"मैं भी मेगिडो की तरह काम करने के लिए तैयार था; उसने मुझसे अधिक मेहनत नहीं की होगी। फिर क्यों मेरा काम मुझे खुशी और सफलता प्रदान नहीं कर रहा था? क्या काम ही था जिसने मेगिडो को खुशी प्रदान की, या खुशी और सफलता सिर्फ देवताओं के हाथ में होती हैं? क्या मुझे अपनी पूरी जिंदगी मेहनत ही करनी थी, बिना अपनी इच्छाएँ पूरी किए, बिना खुशी और सफलता के? ये सारे सवाल मेरे दिमाग में घूम रहे थे और मेरे पास कोई जवाब नहीं था। सच में, मैं बहुत उलझन में था। कुछ दिन बाद, जब मुझे लगा कि मेरी सहनशक्ति खत्म हो चुकी है और मेरे सवालों का कोई जवाब नहीं मिला है, तभी ससि ने मुझे बुलाया। मेरे मालिक का एक संदेशवाहक आया था, जो मुझे वापस बेबीलोन ले जाने के लिए आया था। मैंने अपनी कीमती पैसों की थैली खोदकर निकाली, और अपने फटे–पुराने चोगे में स्वयं को लपेटा और चल पड़ा।

"जब हम यात्रा कर रहे थे, मेरे मन में वही तूफान जैसी सोचें बार–बार घूम रही थीं, जो मुझे इधर–उधर उछाल रही थीं। मेरे बुखार से तपते दिमाग में ऐसा लग रहा था कि मैं अपने गाँव हारौंन के किसी अजीब गीत के शब्दों को जी रहा हूँ :

आदमी को चक्रवात की तरह घेर लेता है,
उसे तूफान की तरह आगे बढ़ाता है,
जिसका रास्ता कोई नहीं जान सकता,
जिसकी किस्मत का कोई अंदाजा नहीं लगा सकता।'

''क्या मेरी किस्मत में हमेशा इसी तरह की सजा मिलना लिखा था, वह भी बिना किसी वजह के? मुझे आगे कौन–कौन सी नई परेशानियाँ और निराशाएँ झेलनी थीं?

''जब हम मेरे मालिक के घर के आँगन में पहुँचे, तो मेरी हैरानी का अंदाजा लगाओ जब मैंने अराद गुला को मेरा इंतजार करते हुए देखा। उसने मेरी मदद की और मुझे ऐसे गले लगाया जैसे मैं उसका कोई खोया हुआ भाई था।

"जब हम चले, तो मैं उसके पीछे वैसे ही चलने वाला था जैसे एक गुलाम अपने मालिक के पीछे चलता है, लेकिन उसने मुझे ऐसा करने नहीं दिया। उसने अपना हाथ मेरे कंधे पर रखा और कहा, 'मैंने तुम्हें हर जगह ढूँढा। जब मैंने लगभग उम्मीद छोड़ ही दी थी, तब मेरी मुलाकात स्वास्ती से हुई, जिसने मुझे साहूकार के बारे में बताया, और फिर उसने मुझे तुम्हारे मालिक का पता बताया। उसने मुझसे कड़ा मोलभाव किया और मुझे बहुत ऊंची कीमत चुकानी पड़ी, लेकिन तुम इसके लायक हो। तुम्हारे विचार और तुम्हारी मेहनत ने मुझे इस नई सफलता की प्रेरणा दी है।

"'मेगिडो के विचार, मेरे नहीं,' मैंने बीच में कहा।

"'मेगिडो के विचार और तुम्हारे भी। तुम दोनों का धन्यवाद। अब हम दमिश्क जा रहे हैं, और मुझे तुम्हारी आवश्यकता है, मेरे साथी के रूप में। 'देखो,' उसने खुशी से कहा, 'तुम अब स्वतंत्र व्यक्ति बन जाओगे!' उसने यह कहते हुए अपने कपड़े के अंदर से मिट्टी की पट्टी निकाली, जो मेरी गुलामी का प्रमाण थी। उसने उस पट्टी को अपने सिर के ऊपर उठाया और पत्थरों वाली जमीन पर फेंक दिया। पट्टी सौ टुकड़ों में टूट गई। फिर उसने खुश होकर उन टुकड़ों को अपने पैरों से कुचल दिया जब तक कि वे धूल में नहीं मिल गए।

"मेरी आँखें कृतज्ञता के आँसुओं से भर गईं। मुझे पता था कि मैं बेबीलोन का सबसे भाग्यशाली व्यक्ति हूँ।

''जैसा तुम देख सकते हो, काम मेरे सबसे कठिन समय में मेरा सबसे अच्छा मित्र बना। मेरी काम करने की इच्छा ने मुझे दीवारों पर

काम करने वाले गुलामों के समूह में जाने से बचाया। इसी मेहनत से तुम्हारे दादा मुझसे इतने प्रसन्न हुए कि उन्होंने मुझे अपना साथी बना लिया।''

तब हदन गुला ने पूछा, ''क्या काम ही मेरे दादा के पास सोने के सिक्के कमाने की गुप्त चाबी थी?'' शारू नादा ने जवाब दिया, ''जब मैंने उन्हें पहली बार देखा था, तब उनके पास बस यही एकमात्र चाबी थी। तुम्हारे दादा को काम करने में खुशी मिलती थी। देवताओं ने उनकी मेहनत को सराहा और उन्हें उदारता से इनाम दिया।''

''अब मैं समझने लगा हूँ,'' हदन गुला ने सोचते हुए कहा। ''काम ने उनके कई दोस्तों को आकर्षित किया, जो उनकी मेहनत और उससे मिली सफलता की प्रशंसा करते थे। काम ने उन्हें वे सारे सम्मान दिलाए जिनका उन्होंने दमिश्क में खूब आनंद लिया। काम ने उन्हें वे सारी चीजें दीं जिन्हें मैं हमेशा अच्छा मानता था। और मैं सोचता था कि काम तो केवल गुलामों के लिए होता है।''

''जीवन में आनंद लेने के लिए कई सुख होते हैं,'' शारू नादा ने कहा। ''हर सुख का अपना स्थान होता है। मुझे खुशी है कि काम सिर्फ गुलामों के लिए नहीं रखा गया है। अगर ऐसा होता, तो मैं अपने सबसे बड़े सुख से वंचित हो जाता। मुझे कई चीजें पसंद हैं, लेकिन कोई भी काम की जगह नहीं ले सकता।''

शारू नादा और हदन गुला ऊँची–ऊँची दीवारों की परछाई में चलते हुए बेबीलोन के विशाल, कांस्य के दरवाजों तक पहुँचे। जैसे ही वे पास आए, दरवाजे के पहरेदार चौक्कने हो गए और सम्मानपूर्वक एक सम्मानित नागरिक को सलाम किया। सिर ऊँचा करके, शारू नादा ने लंबे कारवां को दरवाजों के अंदर और शहर की गलियों में आगे बढ़ाया।

''मैं हमेशा से अपने दादा जैसा आदमी बनने की उम्मीद करता था,'' हदन गुला ने शारू नादा से अपनी भावनाएँ साझा कीं। ''मुझे पहले कभी यह समझ में नहीं आया कि वे वास्तव में कैसे इंसान थे। तुमने मुझे यह दिखाया है। अब जब मैं समझ गया हूँ, मैं उन्हें और भी

अधिक प्रशंसा की दृष्टि से देखता हूँ और स्वयं को उनके जैसा बनने के लिए और भी दृढ़ महसूस करता हूँ। मुझे डर है कि मैं कभी भी तुम्हारा पूरा धन्यवाद नहीं कर पाऊँगा, जो तुमने मुझे उनकी सफलता की असली चाबी दी। आज से मैं उनकी चाबी का उपयोग करूँगा। मैं उनके जैसे ही विनम्रता से शुरुआत करूँगा, क्योंकि यह मेरी वास्तविक स्थिति के लिए रत्नों और सुंदर वस्त्रों से कहीं बेहतर है।''

यह कहते हुए, हदन गुला ने अपने कानों से रत्न जड़ित आभूषण उतार दिए और अपनी उँगलियों से अंगूठियाँ निकाल दीं। फिर अपने घोड़े को मोड़ते हुए वह पीछे हट गया और कारवां के नेता के पीछे गहरे सम्मान के साथ चलने लगा।